湖南科技大学学术著作出版基金资助
湖南省社科基金一般项目“基于公民参与的公共体育服务需求表达机制研究”
（项目批准号：17YBA166）

社会力量参与县域群众体育治理研究

李 理 著

北京体育大学出版社

策划编辑：王英峰
责任编辑：陈建峰
责任校对：吴　珂
版式设计：杨　俊

图书在版编目（CIP）数据

社会力量参与县域群众体育治理研究 / 李理著. -- 北京 : 北京体育大学出版社, 2020.9
ISBN 978-7-5644-3313-0

Ⅰ. ①社… Ⅱ. ①李… Ⅲ. ①县—群众体育—体育工作—研究—中国 Ⅳ. ①G812.4

中国版本图书馆CIP数据核字(2020)第018552号

社会力量参与县域群众体育治理研究
SHEHUI LILIANG CANYU XIANYU QUNZHONG TIYU ZHILI YANJIU
李理 著

出版发行：北京体育大学出版社
地　　址：北京市海淀区农大南路1号院2号楼4层办公B-421
邮　　编：100084
网　　址：http：//cbs.bsu.edu.cn
发 行 部：010-62989320
邮 购 部：北京体育大学出版社读者服务部 010-62989432
印　　刷：北京虎彩文化传播有限公司
开　　本：710 mm × 1000 mm　　1/16
成品尺寸：170 mm × 240 mm
印　　张：12
字　　数：187千字
版　　次：2020年9月第1版
印　　次：2020年9月第1次印刷
定　　价：78.00元

前　言

郡县治，则天下安；县域兴，则国家强。我国现有县级行政区划单位近2000个，作为国家群众体育事业的基础，县域群众体育的治理水平，将直接影响到我国群众体育整体改革和发展的进程。然而，现有的研究表明，在县域群众的体育需求呈现出多元化增长趋势的同时，承担县域群众体育发展重要职责的县级体育行政部门公共体育服务供给能力却严重不足，县域群众体育事业的发展面临着县级体育行政部门职能弱化、资源匮乏、供非所求等多重矛盾。“政府本位”下的群众体育管理体制显然已经不能适应当前县域群众体育发展的需要。

党的十八届三中全会以来，强调多元主体权力与资源分享的“治理”一词迅速成为我国政府、学术界及全社会共同关注的政治话语，体育领域也掀起了“体育治理”的研究热潮，促进政府和社会力量在群众体育领域开展合作治理似乎成为解决县级政府公共体育服务供给能力不足的良方。然而，在县这一层级，何为群众体育的“善治”？社会力量参与县域群众体育将面临怎样的困境？如何有效提升社会力量的治理水平和能力？现有关于体育治理的研究更多地停留在宏观层面的理论描述，对于基层群众体育治理中的现实问题，还有待进一步研究。

本书以合作治理为理论支撑，在对我国中部地区的C县进行实地调研的基础上，深入探索了社会力量参与县域群众体育治理的实践，力图通过展现社会力量参与C县群众体育治理的现实图景，将关于社会力量参与县域群众体育治理的思考从理论的“应然”层面向更为具体的实践层面推进，同时基于理论建构与实践经验之间的张力，提出了促进社会力量有效参与县域群众体育治理的实现路径。

本书旨在为激发社会力量的活力、完善县域群众体育治理提供一些有益启示。本书所提出的县级体育行政部门和社会力量合作治理的模式，是县域群众体育治理的一种理想状态，其在实践层面的应用还有待进一步深入探索，未来希望通过本书理论构建，扩大实证研究的范围和深度，进一步完善县域群众体育治理体制改革方面的相关研究。

目　录

第一章　概　述 …… 1

第一节　县域群众体育治理转型与社会力量参与 …… 1
第二节　社会力量参与群众体育治理的主要观点与评析 …… 3
第三节　调研对象的选择与资料收集方法 …… 19
第四节　基本概念的界定与说明 …… 22

第二章　社会力量参与县域群众体育治理的理论研究 …… 28

第一节　社会力量参与县域群众体育治理的理论基础 …… 28
第二节　社会力量参与治理与县域群众体育体制改革的适切性 …… 33
第三节　社会力量参与县域群众体育治理的条件探讨 …… 42
第四节　社会力量参与县域群众体育治理的理论分析框架 …… 49

第三章　社会力量参与县域群众体育治理的个案简介 …… 65

第一节　C县社会经济及体育事业发展概况 …… 65
第二节　C县引入社会力量参与群众体育治理的科层制逻辑 …… 66

第四章　体育社会组织参与C县群众体育治理的实践 …… 71

第一节　政府对体育社会组织的“行政吸纳” …… 71
第二节　体育社会组织的参与对县域群众体育治理绩效的影响 …… 76
第三节　“政社合作”的局限性 …… 83

第五章　公民参与C县群众体育治理的实践 …………………… 103

第一节　政府对公民参与平台的搭建 ………………………… 103
第二节　公民参与对县域群众体育治理绩效的影响 ………… 108
第三节　“政民合作”的局限性 ……………………………… 116

第六章　企业参与C县群众体育治理的实践 …………………… 131

第一节　政府对企业资源的整合 ……………………………… 131
第二节　企业参与对县域群众体育治理绩效的影响 ………… 136
第三节　“政企合作”的局限性 ……………………………… 141

第七章　社会力量参与县域群众体育治理的反思 …………… 153

第一节　社会力量参与县域群众体育治理的困境 …………… 153
第二节　社会力量参与县域群众体育治理困境的成因 ……… 157

第八章　社会力量参与县域群众体育治理的路径选择 ……… 169

第一节　转变政府观念，推动服务型政府建设 ……………… 170
第二节　加强顶层设计，形成鼓励改革创新的发展战略 …… 172
第三节　完善制度建设，实现社会力量的有序参与 ………… 174
第四节　强化目标认同，提高社会力量的合作能力 ………… 177
第五节　加强多元协同，实现主体间的网络化合作 ………… 180

后　记 ………………………………………………………………… 183

第一章 概 述

第一节 县域群众体育治理转型与社会力量参与

郡县治，则天下安；县域兴，则国家强。在全民健身上升为国家战略和健康中国建设的背景下，县域群众体育工作在新时代体育治理中的地位愈发重要。首先，县域群众体育工作的服务对象最多。县域群众体育治理的水平，直接关系到占人口绝大多数的县域群众能否充分享受我国群众体育发展的成果。其次，县域群众体育工作承上启下。从群众体育管理工作的职能来看，当前我国国家级体育行政部门主要负责群众体育政策的制定和方向引导，省市一级的体育行政部门仍以制度性、规划性、指导性的工作为主[1]，县级体育行政部门则要具体负责国家、省市级群众体育方针政策在广大乡镇、村（居）委会的具体操作，因此，县域群众体育工作具有上通下达、城乡兼顾的特点，承担了大量具体而繁杂的工作任务，是我国群众体育各项方针政策得以在基层贯彻、实施的保证。作为国家群众体育事业的基础，县域群众体育的治理水平，将直接影响我国群众体育整体改革和发展的进程。

在认识到县域群众体育的基础性、关键性地位的同时，我们也应该看到，伴随着社会经济的快速发展，体育参与逐渐成为县域群众美好生活需

[1] 胡科. 社会精英、民间组织、政府之于群众体育运行研究：三个个案的考察[D]. 上海：上海体育学院，2012.

要的重要组成部分。面对县域群众逐渐增长的多元化体育需求，承担县域群众体育发展重要职责的县级体育行政部门的公共体育服务的供给能力却严重不足，县域群众体育的发展面临着多重困境。①资源匮乏。当前我国县级政府对群众体育工作经费的预算支出还存在较大的不确定性，投入的总量和人均经费都偏低，政府财政投入能力与县域群众体育需求增长不相匹配。②职能弱化。当前我国县级体育行政部门总体上出现了工作人员编制大幅度减少、职能弱化的现象。县级体育行政部门自身的能力与基层群众体育结构的复杂程度不相匹配。③供非所求。在县级体育行政部门资源匮乏、职能不断被弱化的同时，县域群众体育“供非所求”的现象也十分突出，“政府本位”下对县域群众体育需求理解的简单化和政绩导向与县域群众体育需求的多元化不相匹配。

综上所述，政府单一主导的群众体育管理体制已经不能适应当前县域群众体育发展的需要，引入社会力量的参与，是县域群众体育改革和发展的突破口。自党的十八届三中全会提出国家治理体系和治理能力现代化建设以来，强调多元主体权力与资源分享的“治理”一词迅速成为我国政府、学术界及全社会共同关注的政治话语；党的十九大则充分关心民生诉求，提出要打造“共建、共治、共享”的社会治理格局，政府和社会力量之间开展合作治理逐渐成为中国政府用以解决各种公共与社会问题的新型手段，我国群众体育的多元主体共治模式已成为一种共识。作为国家和省、市群众体育政策的执行者，县域公共体育服务的供给者，县级体育行政部门也必须对“全而弱”的群众体育管理体制进行变革，实现从政府单一主导到“政府主导、部门协同、全社会共同参与”的群众体育治理转型。

不管是基于县域群众体育发展现实困境的考量，还是回归群众体育的“社会本位”，引入社会力量的参与，实现县域群众体育治理转型既是县级体育行政部门必须履行的责任，也是回应县域群众多元化体育需求、破解县域群众体育发展困境的良方。然而，当学界兴起“体育治理”研究的热潮时，我们也应该认识到，现有的关于体育治理的研究更多地停留在价值层面的描述，即从宏观层面上回答了为什么需要社会力量参与群众体育治理这一问题。事实上，作为一种源起于西方的理论，学术界对治理理论在实际的运用中还存在着不同的见解，特别是对政府和社会之间关系的解释。作为我国体育行政部门中的最低层级，县级体育行政部门开展的群众体育治理转型将面临权力弱化、资源匮乏、社会力量发展薄弱的多重困境。在县一层级，政府和社会力量究竟应该形成怎样的合作关系才能达到县域群众体育的“善治”，学术界并没有依据县域群众体育治理的实际构建出相应的理论框架。同时，在社会力量参与县域群众体育治理的实践中，政府和社会力量的真实合作关系究竟如何？社会力量的参与能否有效提高县域群众体育治理的绩效？在治理环境错综复杂、受传统体制影响最深的县域，引入社会力量参与群众体育治理将受到哪些因素的限制？在县域群众体育治理体系中，如何促进政府和社会力量之间形成良性的合作关系？对于这些问题，学术界也都没有做出回答。

为了分析和解决以上几个问题，本书在理论层面对政府和社会力量在县域群众体育治理体系中的关系、职能定位进行了探讨，并以位于我国中部地区的C县为实证研究的对象，力图通过展现社会力量参与C县群众体育治理的现实图景，将关于社会力量参与县域群众体育治理的思考从理论的“应然”层面向更为具体的实践层面推进，最后基于理论建构与实践经验之间的张力，提出社会力量有效参与县域群众体育治理的实现路径。

第二节　社会力量参与群众体育治理的主要观点与评析

一、体育治理研究的主要观点与评析

（一）西方体育治理的相关研究

在西方国家，“治理”一词长期以来与“统治”一词交叉使用，主要用于国家政治及公共事务管理等相关表述中。1989年，世界银行在概括当时非洲的情形时首次使用了“治理危机”，此后，“治理”一词逐渐引起了

西方学者的广泛关注，随着20世纪后期西方出现的福利国家的危机，强调多元主体合作的治理理论开始在西方国家以惊人的速度流行起来。联合国有关机构成立的“全球治理委员会”在1995年的年报中对“治理”的概念进行了界定：治理是各种公共的或者私人的机构管理其共同事务的诸多方式的综合，是使相互冲突的或者不同的利益得以调和并且采取联合行动的持续的过程。治理既涉及公共部门，也包括私人部门。俞可平[1]认为，西方的政治学家和管理学家提出治理的概念，主张用治理代替统治，是因为他们在社会资源的配置中看到了市场的失效和国家的失效。随着治理理论研究的深入，其涵盖的范围开始逐渐被拓宽，不再局限于政治领域，在其他的领域也开始被广泛使用。

在体育领域，一方面由于体育自身的功能逐渐多样化，成为一项关系到各方利益的社会公共事业；另一方面，随着奥林匹克运动的蓬勃发展，各种体育社会问题层出不穷，影响了体育在国际社会的信誉[2]，治理开始成为一些国际体育组织和西方国家体育组织关注的焦点。国际上也开始出现了各种关于体育治理的定义、内涵和价值的讨论。

针对体育组织出现的腐败和效率低下等问题，亨利（Henry）[3]认为体育治理具备重要的伦理价值，是摆脱体育组织腐败的有效方式。约翰·福斯特（John Forster）[4]认为，当前大部分国际体育组织都面临着组织价值的偏离，亟须从自治的角度开展改革。德搏拉·希利（Deborah Healey）[5]对澳大利亚体育组织的治理实践进行了研究，强调一般的治理理论并不普遍适用于体育组织，促进利益相关者的参与有利于体育组织治理能力的提

---

[1] 俞可平. 治理与善治[M].北京：社会科学文献出版社，2000：7.

[2] 姜世波. 西方体育治理思潮与我国体育治理现代化的目标选择[J]. 武汉体育学院学报，2016，50（7）：13-20.

[3] HENRY I, LEE P C. Governance and ethics in sport[M]// CHADWICK S, BEECH J. The business of sport management. Harlow: Pearson Education, 2004: 25-42.

[4] FORSTER J. Global sports organizations and their governance[J]. Corporate Governance, 2006, 6(1): 72-83.

[5] HEALEY D. Governance in sport: Outside the box? [J]. The economic and labour relations review, 2012, 23(3): 39-60.

升。博诺洛·德泽瓦特（Bonollo De Zwart）和吉利根（Gilligan）[1]认为，体育组织应建立稳定的组织框架，从而有助于体育组织的可持续性治理。简·查佩莱特（Jean-Loup Chappelet）、布兰达·马波特(Brenda Kiibler Mabbott)[2]在《国际奥委会与奥林匹克体系：世界体育治理》一书中将世界体育治理原则总结为：透明、民主、问责、自治、社会责任。卡西亚（Carcia）[3]针对2018年和2022年的世界杯贿选问题做了一个调查报告，以国际奥委会公布的2002年盐湖城冬奥会申报丑闻为例，强调透明在国际体育运动发展中的作用。大卫·哈森（David Hassan）和瑟恩·哈米尔[4]（Sean Hamil）关注足球职业俱乐部的治理，他们将意大利足球甲级联赛和英格兰足球超级联赛两大职业联赛俱乐部的治理作为案例，对如何通过俱乐部的治理改变职业足球俱乐部普遍存在的亏损状况提出了建议。哈姆斯（Harms）和马克林（Machlin）[5]认为，体育治理应当体现为体育组织自身权力和权威的执行，包括独立的制定政策，明确组织的使命，明确会员的入会资格和身份，对组织进行监管等。罗伯特·希尔克曼（Robert Siekmann）和詹维廉·苏克（Janwillem Soek）[6]对体育组织内部治理及如何权衡各国的体育利益关系进行了阐述。

同时，部分学者也肯定了治理理论对国家体育治理和国家体育政策的价值。霍耶（Hoye）和卡斯凯利（Cuskelly）[7]提出，体育治理能使个体的目标指向组织的利益，政府越来越认识到善治对提高组织绩效的作用。玛格丽特·格罗内韦尔德（Margaret Groeneveld）[8]则认为体育治理是在政府、

---

[1] De ZWART B F, GILLIGAN G. Sustainable governance in sporting organisations[C]// RODRIGUEZ P, KÉSENNE S, DIETL H. Social responsibility and sustainability in sports. Oviedo: Universitat de Oviedo, 2009: 165-227.

[2] CHAPPELET J L. The International Olympic Committee and the Olympic system: The governance of world sport [M]. London:Routledge, 2008: 112-113.

[3] DAN R. FIFA has to change its culture: ethics investigator Michael Garcia[EB/OL].(2015-8-16) [2019-05-06]. http//www. bbc.com/sport/0/football/29603170.

[4] 杨桦. 深化体育改革推进体育治理体系和治理能力现代化[J].北京体育大学学报，2015，38（1）：1-7.

[5] 花勇民，彭器. 西方体育治理理论与实践研究[J].吉林体育学院学报，2014，30（5）：14-16.

[6] ROBERT S, JANWILLEM S. Models of sport governance in the European Union: The relationship between state and sport authorities[J]. International sports law journal, 2010，72（12）：663-664.

[7] HOYE R, CUSKELLY G. Sport governance[M]. London: Routledge, 2007: 3-15.

[8] GROENEVELD M. European sport governance, citizens, and the state[J]. Public management review, 2009, 11(4): 421-440.

市民及社团三者间寻求责任共享的一种共同合作的方式。巴里·霍利汉（Barrie Honlihan）[1]根据英国体育治理的实践，对体育治理和体育政策制定之间的关系进行了阐述，对当前体育治理中存在的问题进行了分析。

随着体育治理理念的不断普及，一些国际和西方国家的体育组织和机构也纷纷出台了关于体育治理的文件，并开展了体育治理的实践。2004年，欧盟通过了《关于体育领域善治原则的决议》，要求增加体育非政府组织的透明度，遏制腐败[2]。2005年，欧盟委员会发布《体育善治法典推荐版》，对国家奥委会及各国体育联合会如何开展体育善治提出了建议。2004年，英国体育理事会发布《英国体育框架》，提出英国体育的发展应该在政府和非政府组织的合作下进行[3]。国际奥委会于2008年颁布的《奥林匹克运动和体育善治的基本原则》对组织的财务透明、利益相关者的问责、民主程序、权力制衡、全球体育资源的均衡配置做出了规定，以期对20世纪末以来国际奥委会出现的问题进行治理，重建国际奥委会的信誉[4]。2014年，国际奥委会第127次全会通过了《奥林匹克2020议程》，提出要实现国际奥委会的组织自治和善治[5]。

总体而言，西方国家对于体育治理的研究，主要源于国际或者国内的体育机构的管理失效而导致的信任危机，因此较多地指向体育组织和职业体育的治理，强调体育组织的善治，即治理过程中的透明、民主和问责，对关心体育的人们高度负责，对利益相关者高度负责，杜绝体育组织的腐败，使人们恢复对体育的信任。虽然也有部分学者从国家体育公共事务治理的角度探讨了多元主体在体育治理中的合作问题，但是这种类型的研究相对较少。西方国家对于体育治理的研究，丰富了治理理论在体育领域的

[1] HOULIHAN B, GREEN M. Modernization and sport: The reform of sport England and UK sport[J]. Public administration, 2009, 87(3): 678-698.

[2] 10th Conference of European Ministers responsible for Sport. Resolution l: On the principles of Good Governance in Sport[C]. Budapest，Hungary, 2004: 14-15.

[3] 董红刚，易剑东. 体育治理主体：域外经验与中国镜鉴[J]. 上海体育学院学报，2016，40（4）：1-8.

[4] IOC. Basic universal principles of good governance of the Olympic and sports movement[R]. Lausanne: IOC, 2008: 4.

[5] 国际奥委会《奥林匹克2020议程》基本内涵解读[EB/OL]. (2006-06-11)[2015-06-11]. http://www.olympic.cn/e-magzine/1506/2015-06-11/2352558.html.

应用和发展，为我国体育治理理论的研究带来了良好的启示。

（二）我国体育治理的相关研究

我国对于体育治理的研究，最早要追溯到20世纪初，部分学者对体育治理这一问题进行了初步的探讨。韩丹[1]、陆宗芳等[2]曾经在三元结构的理论基础上，做出由现代政府部门、现代市场经济部门、第三部门共同进行体育治理的论述。刘次琴[3]从治理理论的角度探讨了中国的体育体制改革，建议在政府主导下，充分发挥多元主体的作用，实现国家、市场和社会三者的平衡，推动传统体育管理模式向现代公共管理模式的转变。总体而言，在党的十八届三中全会以前，学术界发表的仅有的几篇关于体育治理的文献，都肯定了政府、市场、社会组织等在体育事业发展中的重要作用，而对于体育治理的内涵和概念的探讨则浅尝辄止，并没有一个公认和统一的认识。

由于治理理论契合了长期以来我国体育学者所关注的体育体制改革研究的需要，自党的十八届三中全会将国家治理体系和治理能力现代化建设作为深化改革的目标以来，体育治理迅速成为体育学界研究的热点之一。与西方体育治理研究热的缘起不同之处在于，我国体育治理研究热的缘起体现出更多政治力量的推动，同时西方体育治理的研究更多地集中在对体育组织和职业体育治理的探讨，而我国学者对体育治理的探讨则集中在以下三个方面。

一是关于体育组织和职业体育的治理。郑志强[4]、郑国华[5]等提出职业体育俱乐部、民间体育组织的治理模式；任慧涛[6]结合体育领域发生的实际

[1]　韩丹. 新世纪 新体育 新思维：现代社会的三元结构与体育治理[J]. 成都体育学院学报，2002，28（2）：8-12.

[2]　陆宗芳，罗玲红. 公共治理视角下的中国体育事业发展模式[J].北京体育大学学报，2009，32（10）：19-21.

[3]　刘次琴，金育强，刘君雯. 治理理论视角下的中国体育管理体制改革[J]. 体育学刊，2007（8）：118-120.

[4]　郑志强. 论职业体育俱乐部治理机制[J]. 北京体育大学学报，2010（6）：10-13，22.

[5]　郑国华. 模型、保障和困境：民间体育组织治理[J]. 武汉体育学院学报，2016，50（2）：11-17.

[6]　任慧涛. 论体育治理理念[D]. 南昌：江西财经大学，2016.

治理案例，解读了体育组织治理的核心原则和框架；戴红磊[1]立足于国家治理的语境，对体育社会组织的外部治理和内部治理问题进行了探讨；孙璐[2]从治理的角度，探讨了民办非企业单位发展存在的问题，提出了构建民办非企业单位的内外部治理结构，完善民办非企业单位的治理；董红刚[3]对美国和英国职业联赛的治理模式进行了对比分析，指出未来中国职业体育联赛成功与否取决于如何构建外生变量与内生激励良性耦合的治理机制。

二是将体育作为其他公共事务的治理手段。任海[4]认为，体育具有扩大社会参与、改善社会治理、传播社会价值等多方面的社会功能；陈晓荣等[5]认为，体育具有参与公共治理的人文价值和时代价值；郭修金[6]指出，农村公共体育服务不仅担负着全面建设小康社会的职责，还能促进社会建设和社会治理。

三是对作为公共事务管理组成部分的体育事业的治理，体育治理的研究领域被逐渐拓宽。杨桦[7]认为，从纵向维度上看，体育治理包括基层治理、地方治理、国家治理、区域治理、全球治理；从横向维度来看，体育治理包括竞技体育治理、群众体育治理、体育产业治理等。

在以上我国学者对体育治理研究的类型中，对作为公共事务管理组成部分的体育事业的治理研究最受学者的关注。为了明晰体育治理的概念和内涵，学者们进行了一系列理论的探讨和创新研究，有助于我们更深入地理解体育治理在中国语境下的内涵。

杨桦[8]对体育治理体系和治理能力进行了定义：体育治理体系是在党的

---

[1] 戴红磊. 中国体育社会组织治理研究[D]. 大连：大连理工大学，2016.

[2] 孙璐. 体育类民办非企业单位的治理研究[D]. 北京：北京体育大学，2016.

[3] 董红刚. 职业体育联赛治理模式:域外经验和中国思路[J]. 上海体育学院学报，2015，39（6）：1-5，10.

[4] 任海. 以群众体育促进社会建设[J]. 北京体育大学学报，2014，37（9）：1-9.

[5] 陈晓荣，罗永义，柳友荣. 公共治理领域中的体育治理[J]. 上海体育学院学报，2013，37（1）：23-27.

[6] 郭修金. 全面建成小康社会进程中农村公共体育服务发展的战略使命[J]. 体育科学，2016，36（4）：42-45.

[7] 杨桦. 深化体育改革推进体育治理体系和治理能力现代化[J]. 北京体育大学学报，2015，38（1）：1-7.

[8] 杨桦. 中国体育治理体系和治理能力现代化的概念体系[J]. 北京体育大学学报，2015，38（8）：1-6.

领导下，一元主导、多元协同合作，多种机制相互配合，有效促进体育全面、协调、可持续发展的一整套相互协调、紧密相连的制度体系。体育治理能力是在体育治理的过程中体育治理体系自身体现出来的能力。陈洪[1]认为，体育治理现代化的建设是在遵循体育发展规律的基础上，政府、非营利组织和企业通过良好的协作，运用良好的治理方式和手段，对体育领域进行全面、有效的治理过程，从而满足民众的需求，实现体育的功能。

部分学者对体育管理和体育治理的内涵进行了辨析。范叶飞等[2]认为，与体育管理体现出来的单向性、强制性和刚性相比，体育治理呈现出多元性、参与性、互动性和合作性的特征；王邵励[3]认为，体育治理与体育管理相比，体现了管理主体从政府一元主导到多元共治的转变，管理结构从管理与被管理到互动与协商的转变，实现途径从主观化与经验化到机制化、法制化和科学化的转变，目标从单维目标向多元主体共赢的转变；张明俊[4]认为，体育治理意味着治理主体从“单一”到“多元”的转变，也意味着治理方式从“包办”到“协同”的转变。以上学者的研究反映出他们对体育治理的内涵基本达成了共识，体育治理既强调治理主体的多元性和主体间的互动性，也强调治理方式的民主化。对于体育治理的目标，学者们也基本达成了共识，认为当前我国体育治理的目标是善治，即公共体育利益的最大化。杨桦[5]认为，体育治理的价值目标是实现体育善治；董红刚等[6]、范叶飞[7]等认为，善治是实现公共体育利益最大化的过程；戴健等[8]认为，保障群众的体育运动权益是体育治理的价值取向。

党的十八届四中全会提出“全面推进依法治国”后，学者们普遍认同法

[1] 陈洪. 国家体育治理体系和治理能力现代化探析[J]. 北京体育大学学报，2014，37（12）：7-12.

[2] 范叶飞，马卫平. 体育治理与体育管理的概念辨析及边界确定[J]. 武汉体育学院学报，2015，49（7）：19-23.

[3] 王邵励. 从“体育管理”到“体育治理”：改制背景与内涵新创[J]. 成都体育学院学报，2015，41（5）：7-11.

[4] 张明俊. 我国体育传统管理的危机与新型体育治理建设[J]. 体育学刊，2015，22（4）：13-16.

[5] 杨桦. 论体育治理体系的价值目标[J]. 北京体育大学学报，2016，39（1）：1-6.

[6] 董红刚，易剑东. 体育治理评价：英美比较和中国关注[J]. 武汉体育学院学报，2016，50（2）：25-31.

[7] 范叶飞. 作为善治的体育治理探析[J]. 河北体育学院学报，2015，29（4）：1-4.

[8] 戴健，张盛，唐炎，等. 治理语境下公共体育服务制度创新的价值导向与路径选择[J]. 体育科学，2015，35（11）：3-12.

治是推进体育治理体系和治理能力现代化建设的主要方法和手段。于善旭[1]认为，体育治理必须确立法治的主体地位，以建设法治体育为目标；杨桦[2]特别强调了坚持依法治体，推进体育法治建设的重要性；周青山[3]认为，法治是实现体育治理现代化的手段保障，要做到体育治理方式和方法的法治化。

总之，我国学者对体育治理的研究，坚持的是一种“大体育”的治理观，认为体育治理既包括体育组织及职业体育的治理，也包括竞技体育治理、学校体育治理和群众体育治理；而对体育治理内涵的解释，大体可以概括为体育治理主体的多元化、体育治理结构的网络化、体育治理手段的法治化、体育治理能力的高效化和治理方式的民主化。学者们普遍认可在国家治理体系和治理能力现代化建设的背景下，从传统的体育管理体制到体育治理转变的必要性，认为体育社会组织、企业和公民等社会力量应当作为体育治理的主体，与政府合作参与体育公共事务的治理[4]。以上学者对体育治理理论的研究，在一定程度上达成了共识，符合当前我国全面深化体育改革的需要，为体育治理的研究在我国的深入开展奠定了理论基础。总体而言，当前我国学者对体育治理的研究大都是一种理论性的构建，治理理论在具体的体育体制改革实践中应该如何有效地运用，还有待做进一步的研究和探讨。

二、群众体育治理研究的主要观点与评析

（一）群众体育发展困境的研究

作为我国体育事业的重要基础，群众体育一直是我国体育领域研究的

[1] 于善旭. 论法治体育在推进体育治理现代化中的主导地位[J]. 上海体育学院学报，2014，38（6）：1-6.

[2] 杨桦. 深化体育改革推进体育治理体系和治理能力现代化[J]. 北京体育大学学报，2015，38（1）：1-7.

[3] 周青山. 论中国体育治理法治化[J]. 北京体育大学学报，2016，39（6）：1-6.

[4] 杨桦. 中国体育治理体系和治理能力现代化的概念体系[J]. 北京体育大学学报，2015，38（8）：1-6.

热点问题，北京奥运会以后，“金牌至上”的观念逐渐被弱化，学术界对于群众体育的认识进一步深化，群众体育在我国体育事业中的地位和作用已经毋庸置疑。随着全民健身上升为国家战略，如何改变群众体育的发展方式，实现对群众体育的有效治理，从根本上摆脱我国群众体育发展的困境，成为备受关注的议题。2016年5月，国家体育总局发布的《体育发展“十三五”规划》指出，当前我国群众体育的发展面临的最根本的问题是人民群众日益增长的多元化、多层次体育需求与体育有效供给不足的矛盾依然突出。学者将造成这种矛盾的原因归纳为以下几个方面。

一是政府的政绩倾向依然很突出。杨桦等[1]认为，当前竞技体育依然是衡量体育部门绩效的最主要指标；仇军[2]认为，地方政府普遍以竞技体育的成绩作为考核政府和官员政绩的主要指标，对群众体育的重视和投入不够；田麦久等[3]认为，北京奥运会成功举办之后，资源过度集中在竞技体育领域对于国民体质弱化、群众体育萎靡等问题造成的影响逐渐显现。总体而言，尽管群众体育在体育事业中的地位不断提高，但如何促使政府部门向服务型政府转型，树立合理的群众体育发展观，将为人民群众提供满意的公共体育服务作为体育工作的重心，仍然备受学术界的关注。

二是体制机制的弊端，学者们普遍认同这是造成我国群众体育发展困境的重要因素。当前我国正处于社会经济迅速发展的社会转型期，人民群众对体育的需求总量不断提高，需求的结构也逐渐多元化，由政府单一主导的群众体育管理体制已经不能适应群众体育发展的需要。为此，学者纷纷提出要改变传统的群众体育管理体制，确立社会组织、市场及公民在群众体育发展中的主体地位。任海[4]认为，在群众体育发展“政府本位”下，政府垄断了群众体育的资源和权利，而社会和个体只能依附于政府，造成了政府群众体育发展目标设置的失当，难以适应社会的多元性需求，我国

[1] 杨桦，任海. 转变体育发展方式由“赶超型”走向“可持续发展型”[J]. 北京体育大学学报，2013，36（1）：1-9.

[2] 仇军. 群众体育发展的困境与出路[J]. 体育科学，2016，36（7）：3-9，48.

[3] 田麦久，孙大光，田雨普，等. 中国体育：体育强国的辨析与建设：中国科协新观点新学说学术沙龙观点摘编[J]. 体育文化导刊，2009（8）：1-13.

[4] 任海. 以群众体育促进社会建设[J]. 北京体育大学学报，2014，37（9）：1-9.

发展群众体育的立足点必须转向政府、社会和公众平等合作的“社会本位”；季浏[1]提出，我国群众体育管理应当实行“强政府、强社会”的模式，形成政府与社会组织合作关系；刘国永[2]认为，当前我国的群众管理体制是自上而下的，具有很强的封闭性和计划性，改变现有的体制必须切实改变政府职能，推动群众体育的社会化和市场化，实现群众体育从单一化发展向多元化治理转变；仇军[3]认为，当前我国群众体育的发展存在着路径依赖的困境，依赖国家的权利驱动，计划性地开展仪式化的群众体育活动，已经不适应社会转型的过程中群众体育发展的需要。应当构建群众体育的社会服务体系，形成政府与社会组织共同治理、共同建设、共同受益的新模式；鲍明晓等[4]认为，群众体育需求的总量提升以及多样化与个性化的发展趋势，使得政府统一包揽群众体育的模式显得力不从心，政府应当深化体制改革，对于非基本公共体育服务，应当由市场发挥主导作用。

以上学者论述的角度虽然各不相同，但是都无一例外地认为政府单一主导的发展模式是导致我国群众体育发展困境的重要因素，只有打破政府对群众体育管理的垄断，引入体育社会组织、企业和公民等社会力量共同参与到群众体育公共事务的治理中来，才能有效地改变当前我国群众体育发展的困境。因此，体育治理体系和治理能力现代化建设的提出，非常契合我国当前群众体育改革和发展的需要。党的十八届三中全会以来，国务院于2014年印发的《关于加快发展体育产业促进体育消费的若干意见》和2016年印发的《全民健身计划（2016—2020年）》，国家体育总局发布的《体育发展“十三五”规划》都明确了社会力量在群众体育治理中的主体地位，促进社会力量参与群众体育治理已经不是一个选项了，真正的选项是“如何做”。在中央政府描绘的关于群众体育发展的宏伟蓝图下，如何使地方政府在宏观政策的指导下，引导社会力量有效地融入到地方的群众

[1] 季浏. 构建我国群众体育管理“强政府与强社会”模式的策略分析[J]. 武汉体育学院学报，2014，48（1）：5-10.

[2] 刘国永. 全面深化群众体育改革的思考[J]. 体育科学，2015，35（8）：3-7，51.

[3] 仇军. 群众体育发展的困境与出路[J]. 体育科学，2016，36（7）：3-9，48.

[4] 鲍明晓，邱雪，吴卅. 论市场在群众体育发展中的作用[J]. 北京体育大学学报，2014，37（10）：1-6.

体育治理中去，将成为学术界关注的热点。

（二）农村体育治理的相关研究

农村体育不但是我国群众体育的重要组成部分，也是县域群众体育的重要组成部分。受社会经济发展水平及政府公共体育服务供给不均衡等因素的影响，当前我国群众体育发展存在城乡二元化的现象，直接影响了我国国民健康水平的整体提高和体育事业的全面协调发展。因此，如何统筹城乡体育，发展农村体育，成为我国群众体育治理亟须解决的关键问题之一，农村体育的研究也逐渐成为学者关注的热点。在近年来的农村体育研究中，学者普遍认为当前农村公共体育服务出现了农民需求表达不畅、公共体育服务供给不足等问题，应当通过多元主体作用的发挥，实现农村体育的多元治理。

胡庆山等[1]认为，当前的农村体育公共服务体系面临着供给主体单一、服务内容单调、运行机制不畅等问题；郇昌店等[2]认为，农民体育健身工程的运行突显我国农村体育发展意识的僵化，以及“为政”而非“从民”的政绩观；秦小平等[3]认为，当前体育公共服务在农村推行面临着农村体育市场发育不成熟、体育经费不足、政府改革动力不足及农村居民体育需求表达不足等困境；严秀兰[4]认为，政府主导的农村体育发展范式，无法精确考量我国农村体育发展中存在的弊病，不但缺乏对农民需求的有效表达，还陷入功利主义的发展困境。

以政府为单一主体的农村公共体育服务供给模式，不但导致农村公共体育服务的供给总量不足，也导致了政绩导向下的价值偏离现象，政府“自上而下”供给农村公共体育服务最主要的缺陷在于农民不能真实地表达自

[1]　胡庆山，方千华，张铁明，等. 迈向体育强国的农村体育公共服务体系建设[J]. 上海体育学院学报，2011，35（5）：12-17.

[2]　郇昌店，肖伟，郭修金. 农民体育健身工程的运行逻辑、项目不足与完善思路[J]. 天津体育学院学报，2015，30（1）：23-28.

[3]　秦小平，陈云龙，陈元欣，等. 农村体育公共服务“以钱养事”新机制改革探析[J]. 北京体育大学学报，2015，38（10）：1-6.

[4]　严秀兰. 从政府主导到参与式发展：新农村体育发展范式转换[J]. 体育与科学，2014，35（2）：30-33，65.

己的体育需求，而政府则难以准确把握农村群众的需要，在总量不足的情况下还造成了对现有资源的限制和浪费，为此，部分学者运用治理理论对农村体育的治理提出了相应的对策和建议。

胡庆山等[1]认为，在国家治理现代化建设的背景下农村体育治理的方式亟须转变，由粗放式治理向集约型治理转变，形成多元主体、协同共治的农村体育善治格局；徐叶彤等[2]以多中心治理理论为视角，提出了农村体育公共服务的社会化供给模式；李爱菊等[3]、张小林[4]认为，体育行政部门应主动提高农民参与体育管理的意识和能力，培育农村基层体育组织，构建农民参与体育决策、体育管理考评的机制；朱建民等[5]认为，解决当前农村体育发展问题的前提是政府对自己的管理职能进行准确的定位，解决政府在农村体育管理中出现的缺位、错位和越位等现象，政府除了为农村体育提供制度、财政和资源支持，还应当加强农村体育组织的网络化建设。

总之，学者们普遍认同，在农民体育意识不断觉醒、农村群众体育需求逐渐多元化的情况下，只有积极促进政府职能的转变，形成多元主体共同治理的格局，才能有效改变当前农村体育发展面临的矛盾和困境。

（三）县域群众体育治理的相关研究

无论是“全民健身”还是“全民健康”，都不能将广大农村群众排除在外，因此，农村体育治理的研究契合了我国群众体育均衡发展的需要。然而，当前对农村体育治理的研究存在两个非常突出的问题：一是从农村体育治理的概念来看，区域范围难以准确定位；二是农村体育治理的主体不明确。在农村体育治理中，社会力量的参与由谁来推动？如何来推动？

---

[1] 胡庆山，吕钶，曹际玮. 国家治理现代化进程中农村体育治理的价值导向、现实问题及路径选择[J]. 武汉体育学院学报，2017，51（4）：5-12.

[2] 徐叶彤，芦平生. 多中心治理理论视角下我国农村体育公共服务社会化供给探析[J]. 北京体育大学学报，2015，38（4）：6-11.

[3] 李爱菊，张毅，涂金龙. 公众参与政府农村体育管理探析[J]. 西安体育学院学报，2014，31（3）：312-315.

[4] 张小林. 农村体育公共产品供给制度创新的宏观视角与非均衡创新路径：基于12省市农村基层的调研考察[J]. 天津体育学院学报，2011，26（5）：400-404.

[5] 朱建民，赵立. 建设新农村导向下的政府在农村体育管理职能中的角色定位研究[J]. 东南大学学报（哲学社会科学版），2009，11（6）：25-29.

目前县域是我国群众体育政策法规的基本立足点；《中华人民共和国体育法》《全民健身条例》等都明确了县级政府在发展群众体育方面的职责。国务院颁布的一系列政策文件也需要通过县级以上人民政府的执行才能落到实处。因此，突出和强调县域群众体育治理的重要地位，能进一步强化县级政府和县级体育行政部门在群众体育治理中的责任，在体育治理体系和治理能力现代化建设的背景下，对县域群众体育治理的研究，契合全民健身国家战略背景下解决县域群众体育发展困境的需要。

目前也有部分学者对县域群众体育治理的相关问题给予了关注。孙中芹[1]从城乡统筹的视角对山东省县域体育公共服务一体化模式进行了理论和实践的探讨；花楷等[2]针对当前县级公共体育服务供给的"碎片化"困境，从政府职能转型、保证财政投入、构建多中心的治理供给结构等方面，提出协同治理的消解路径；郎玥等[3]认为，县级是我国体育工作开展的重要层级，只有在县级平台尝试打造"大群体"工作格局，在加强政府主导的同时，鼓励社会力量的参与，才能从根本上改变县级体育行政部门的弱势地位；冯火红[4]对"大部制"改革背景下我国区（县）体育行政部门的运行状态进行了研究，认为区（县）体育行政机构整合以后呈现出一定的弱化状态，而"管办分离"的运行机制并没有真正形成，只有建立"政府管、体总办"的管理体制及运行机制，才能使县域群众体育的发展与"大部制"改革相适应；张玉祥[5]认为，只有在公共服务整合理念下，与县域体育社会组织共同提供公共体育服务才能改变当前县域体育工作地位低、经费短缺、群众体育服务供给单一的不利局面；郑旗[6]提出，当前县域公共体育服

[1] 孙中芹. 城乡统筹视角下山东省县域体育公共服务一体化研究[D]. 曲阜：曲阜师范大学，2014.

[2] 花楷，刘志云. 协同治理：县级政府体育公共服务供给"碎片化"与消解[J]. 天津体育学院学报，2016，31（6）：485-490.

[3] 郎玥，黄亚玲. 我国县级体育主管部门弱势地位分析[J]. 北京体育大学学报，2017，40（5）：16-21.

[4] 冯火红."大部制"改革背景下我国地方政府社会体育行政改革研究[J]. 北京体育大学学报，2011，34（8）：5-8.

[5] 张玉祥. 公共服务整合理念下县域体育体制改革路径探讨[J]. 山东体育学院学报，2016，36（4）：49-55.

[6] 郑旗. 论县域公共体育服务供给制度的模式及其治理机制[J]. 体育研究与教育，2015，30（3）：1-7.

务应选择“一主多元的协同合作”的供给制度模式。

从目前的研究来看，学术界对于县域群众体育治理的问题整体关注度还不高，而事实上我国目前群众体育发展中的矛盾和问题在县域都有较为集中的体现，群众体育治理体系和治理能力的现代化建设，应当以县域群众体育治理为突破口，未来群众体育治理的研究，应当逐渐将重心转移到基层，转移到县域。

三、社会力量参与群众体育治理研究的主要观点与评析

自体育治理体系和治理能力现代化建设的概念提出以来，社会力量在群众体育治理体系中的重要性毋庸置疑，但要打破长期以来政府对群众体育的单一主导，实现从群众体育管理到群众体育治理的转变，首先需要明确政府及社会力量在群众体育治理中的地位和职能。

戴健等[1]提出，要对政府、市场和社会组织的治理资源进行重组，政府应加快制度创新，积极引导、吸纳市场和社会组织参与公共体育服务的供给。胡鞍钢等[2]则提出，在群众体育治理中，政府应提供全民健身的基本场地、组织和活动条件，保基本；社会发挥市场主体和各类社会组织法人参与全民健身活动的积极性和创造性，促多元；市民积极加入全民健身的队伍中，通过参与运动，享健康。余智[3]将多元主体参与群众体育治理的方式分为以下几种方式：官促民动，即政府为基层群众体育组织提供体制内的资源保障和舆论支持；民间联动，即群众及群众体育组织自发地交流和互动；民动官助，即在群众性体育组织发展逐渐成熟的阶段，政府部门及时给予支持和帮助。武东海[4]认为，在多中心治理的视域下，多元主体应通过提供公共体育服务、参加公共体育政策的制定、参与公共体育服务供给的

---

[1] 戴健，张盛，唐炎，等. 治理语境下公共体育服务制度创新的价值导向与路径[J]. 体育科学 2015，35（11）：3-12.

[2] 胡鞍钢，方旭东. 全民健身国家战略：内涵与发展思路[J]. 体育科学，2016，36（3）：3-9.

[3] 余智. 从善政到善治的群众体育发展研究[D]. 上海：上海体育学院，2015.

[4] 武东海. 多中心治理视域下创新公共体育服务供给模式研究[J]. 武汉体育学院学报，2013，47（5）：36-40.

监督等方式来参与公共体育服务的治理。唐钢等[1]认为，在公共体育服务的供给中，体育职能部门主要进行引导协调和法律监管；市场体系提供公共体育产品和服务；体育社会组织承接政府职能，满足特定群体的体育需求；居民体育自治组织承上启下，协助政府、联系群众；民众个人表达需求，并参与制度建设。张琴等[2]认为，从体育管理转变为体育治理，应当通过体育治理的运行机制对治理主体的关系进行界定，通过体育治理的约束机制界定多元治理主体的权利结构与权利关系。

以上学者论述的角度虽然存在一定的差别，但是都认同在群众体育治理的模式中，社会力量要从被管理的对象转变为群众体育治理的主体，从被动参与转变为主动参与，政府则应当承担好群众体育治理主导者的角色，加快群众体育治理制度创新。

体育治理体系和治理能力的现代化建设，是国家对体育事业未来的发展做出的顶层设计。在全民健身上升为国家战略的背景下，社会力量参与群众体育治理，符合我国体育事业健康、快速发展的需要，在今后很长的一段时期内，将有力促进我国体育发展方式的转变。然而受长期以来形成的体育管理体制的影响，当前社会力量参与群众体育治理的过程中，仍然存在一些困境。学者将社会力量参与体育治理的困境归纳为以下几个方面：一是政府部门的角色转变不足；二是社会力量整体发展不足；三是参与治理的机制不成熟。

刘亮等[3]认为，当前我国的体育治理结构以强政府为主要特征，在参与体育治理的过程中，市场存在调节失序及发育不良的双重缺陷，社会组织成长空间及独立性不足，还不能承担体育治理的重任；张春合[4]基于我国体育体制“管办分离”的改革背景，提出当前我国体育体制改革的动力是外

[1] 唐钢，彭英. 多元主体参与公共体育服务治理的协同机制研究[J]. 体育科学，2016，36（3）：10-24.

[2] 张琴，易剑东，董红刚. 动力·运行·约束：体育治理机制探析[J]. 上海体育学院学报，2017，41（5）：36-41.

[3] 刘亮，王鹤，庞俊鹏，等. 全面深化改革背景下我国体育治理结构问题厘析与改革路径研究[J]. 天津体育学院学报，2015，30（4）：351-356.

[4] 张春合. “管办分离”背景下的中国体育管理多中心治理问题研究[J]. 体育与科学，2015，36（5）：69-73.

力倒逼改革，政府的改革动力不足，体育社会组织能力欠缺；董红刚等[1]认为，当前我国体育治理主体之间的关系混乱，政府仍然存在一定的越位和缺位，市场主体参与的规范不足，利益诉求难以实现，体育社会组织则呈现出功能的异化和弱化；唐钢等[2]认为，在我国公共体育服务转型的过程中，多元主体参与治理面临着主体结构失衡、运行程序不畅、非政府主体参与不足及治理的有效性两难等多重困境。

以上研究注重对社会力量参与群众体育治理的反思，学者们逐渐意识到，在全面深化体育改革、推进体育治理体系和治理能力现代化建设的宏观制度背景下，社会力量在群众体育治理中职能的有效发挥还需要以一系列复杂的条件为基础，基层体育行政部门根据自身的科层制逻辑来理解和执行国家的宏观政策，这种反思促使我们将对体育治理的理论思考向更为具体的实践层面推进。

总体而言，党的十八届三中全会以来，在体育治理现代化建设的背景下，我国学者对社会力量参与群众体育治理的研究逐渐重视起来，发表了一系列的研究成果，明确了体育治理的概念和内涵，肯定了治理理论的应用对我国群众体育体制改革的价值，但是现有的研究仍然存在几点不足：第一，这些成果多数停留在宏观层面，专门针对基层实践的实证研究不多；第二，没有构建符合我国基层群众体育治理转型需要的理论框架；第三，缺乏从微观的角度对群众体育治理转型过程中政府和社会力量彼此的行动策略及合作互动关系的探讨。本书将社会力量参与县域群众体育治理的相关问题作为研究对象，旨在进一步深化体育治理的理论研究的同时，通过实证研究展现基层群众体育治理转型的现实图景，为后续研究提供一些理论和实证的积累。

---

[1] 董红刚，易剑东. 体育治理评价：英美比较与中国关注[J]. 武汉体育学院学报，2016，50（2）：25-31.

[2] 唐钢，彭英. 多元主体参与公共体育服务治理的协同机制研究[J]. 体育科学，2016，36（3）：10-24.

第三节　调研对象的选择与资料收集方法

实证研究是为了解决“是怎样”及“可能是怎样”的问题[1]。选择实地调查法作为主要研究方法，是因为社会力量参与县域群众体育的问题，涉及多个主体及复杂的要素，需要研究者深入研究对象所处的场域进行实地调查，从而深刻理解各主体之间的权能转换及利益关系，发现政府和社会力量行动策略背后的逻辑。近年来，单案例研究作为实证研究中的一种方式越来越受到不同领域研究者的青睐，其在研究深度上的优越性也越来越得到广泛认同。出于研究者能力的局限性及研究深度的考虑，本书选择了一个单案例作为实证研究的对象。

一、调研对象的选择

风笑天[2]认为，任何共性都存在个性之中，任何特殊性也必定包含普遍性的因素，因此，对从一个或几个个案研究中得到的研究结果，仍然可以进行概括。在中国，县的数量十分庞大，社会经济状况、人文环境、风俗习惯可谓千差万别，受地方行政机构改革的影响，体育行政部门的机构设置也存在几种不同的类型。但是县所处的制度环境、行政生态环境仍然有着较强的同质性。因此，本书基于以下几方面的原因选择了C县作为实地调查的对象，以期从独特性中寻找一般性，从特殊性中反映普遍性。

（一）案例符合研究的背景要求

首先，C县地处我国中部地区的J省，其经济和社会发展及人口总量在县一级行政区域中均属于中等水平，介于东部沿海地区和西部欠发达地区之间，具备我国一般县域的共性特征。C县引入社会力量参与县域群众体育治理所走的道路既是东部发达省份的县域曾经走过的道路，也是西部欠发达

[1]　曹锦清. 黄河边的中国：一个学者对乡村社会的观察与思考[M]. 上海：上海文艺出版社，2013：76.

[2]　风笑天. 社会学研究方法[M]. 北京：中国人民大学出版社，2005：239.

地区的县域未来要走的道路。

其次，近年来在创建全国全民健身公共服务体系示范县这一目标的推动下，该县不但成为国家体育总局“支持体育社会组织服务于全民健身工作”试点单位，也开展了公共体育服务“公私合作”模式的探索，并搭建了公民参与治理的平台。其在群众体育管理体制方面开展的改革，能为我们展现出社会力量参与县域群众体育治理的现实图景，是我国体育治理转型的微缩版。

最后，尽管C县并不拥有沿海发达地区独特的区位优势，其开展的群众体育治理创新将面临经验不足、缺乏成功经验参考的制约。但是正是基于此，C县引入社会力量参与县域群众体育治理的过程，更像是在白纸上绘图一般，以其作为研究对象，能更好地揭示基层群众体育体制改革的规律，使该个案被赋予更多的前瞻性、创新性和研究型特征。

（二）研究资料的可获得性较强

笔者跟随导师共同承担了该县“创建全国公共体育服务示范县”课题的研究工作，有了参与的渠道，创造了进入田野的条件，能为研究获得更多的一手资料。在课题研究期间，笔者曾通过前期的预调研多次与C县体育行政部门的官员接触，建立了深厚的友谊，并获得了在该县体育行政部门实习的机会，这对调研的顺利进行提供了便利条件。基于研究资料的可获得性，这种类型的调研能对研究提出的理论分析框架进行更加有效的检验。

二、资料收集的方法

2016年11月，笔者借助参与C县创建全国全民健身公共服务体系示范县课题研究的机会，在该县进行了为期半个月的预调查。截止到2017年2月，拟定了研究问题，完成了文献研究并设计了调研工具（主要为开放式和半开放式访谈提纲）。2017年3—4月，笔者在C县进行了为期两个月的实地调研，通过文献收集与分析、参与及非参与观察、开放及半开放式访谈等方式收集了本研究所需的资料。

（一）文献收集与分析

收集C县政府文件（政府工作报告、年鉴等）、当地政府的网站及报纸上的相关报道、当地体育行政部门的工作总结和部分档案文件等，通过对以上文献进行分析，掌握社会力量参与C县群众体育治理的相关制度环境。

（二）参与及非参与观察

观察C县体育行政部门日常群众体育管理工作，参加该县体育局的部分会议。同时，加入C县群众体育工作相关的各类QQ群、微信群，长期关注相关体育社会组织和企业的微信公众号和网站，深入了解社会力量和政府之间的合作关系、社会力量参与群众体育治理的实际效果、社会力量参与群众体育治理的困境。

（三）开放式及半开放式访谈

访谈是开展个案研究的主要方法之一，不但可以获得个案的相关事实资料，还能深入地了解访谈对象的态度与情感。在C县调研期间，笔者主要通过面对面的个别访谈和召开座谈会的方式对以下人员进行了开放式和半开放式的访谈（访谈对象见附录A，为了保护受访人员的隐私，所有受访人员均采用化名）：①部分政府工作人员，包括该县主管体育工作的县领导、体育行政部门的工作人员、相关职能部门的负责人、主管体育工作的乡镇干部；②部分村（居）委会负责人；③部分社会组织的负责人、企业负责人及当地群众。通过对以上人员的访谈，笔者深入了解社会力量参与县域群众体育治理的动力、成效、不足，以及对于社会力量参与县域群众体育治理的问题，该县的政府官员及社会力量自身的态度及行动策略，作为本研究所需要的一手材料。值得说明的一点是，由于本研究涉及多个主体及县域较为复杂的治理环境，部分政府工作人员难免对来访者存有一定的防范甚至排斥心理，因此，本研究对部分访谈对象，特别是部分政府官员的访谈是在条件合适的情况下随机展开的，部分访谈的问题也是在具体的情境下随机提出的。同时，在现场调研结束后，笔者和C县体育局的工作人员、部分体育社会组织、企业的负责人及社会人士通过微信、电话等方式进行了后期的补充访谈。

第四节　基本概念的界定与说明

一、社会力量

“社会”一词在社会科学研究中具有广义和狭义两种含义。广义的“社会”包括政治、经济、文化、社会等4个子系统，而狭义的“社会”专指社会子系统[1]。在近代西方公民社会理论中，“社会”一词是与“国家”相对的概念，是指独立于国家之外的公民生活领域和经济生活领域，与之相对应的是，社会力量往往也被看作是与国家力量相对的概念，是国家力量之外的各种力量的集合。

当前，官方对社会力量的定义最早可以追溯到2013年国务院办公厅发布的《国务院办公厅关于政府向社会力量购买服务的指导意见》（国办发〔2013〕96号）。为了引导地方政府更好地开展向社会力量购买公共服务的工作，该意见指出，能够承接政府购买服务的社会力量是指“依法在民政部门登记成立或经国务院批准免予登记的社会组织，以及依法在工商管理或行业主管部门登记成立的企业、机构等”。而根据国家体育总局相关文件，社会力量则包括各级体育总会和单项体育协会、各级行业体协和人群体协等体育组织、各类健身俱乐部和健身团队等体育组织、群众体育科研院所等学术机构和新闻媒体、热心全民健身的各界社会人士等[2]。

在学术界，社会力量这一概念最早由美国社会学家沃德在其著作《社会动力学》中提出，他认为社会力量是指鼓动社会中众多成员采取社会行

[1]　郑杭生. 社会学视野中的社会建设与社会管理[J]. 中国人民大学学报，2006（2）：1-10.

[2]　刘国永，杨桦，任海. 中国群众体育发展报告（2015）[R]. 北京：社会科学文献出版社，2015：38.

动，使社会发生变化的力量[1]。在我国，学术界对社会力量的定义，较多出现在公共文化服务、社会救助、养老、教育等研究领域。郑丽萍[2]认为，社会力量是指政府及下属文化事业单位以外的组织和个人；唐钧[3]认为，社会力量是指除党政机关以外，能够参与社会领域的各项公共事务并能够提供相关社会服务的基本单位；康莉莹[4]认为，社会力量是指非政府的单位和个人，包括各类企业、社会组织和自然人。在体育学研究中，郭修金[5]最早提出了社会力量的概念，他认为，社会力量是指除政府以外的影响社会发展的基本单元，包括社会组织、企业、机构及自然人，参照《中华人民共和国公务员法》，受同级党委和上级组织双重领导的工会、共青团、妇联等机构都不是严格意义上的社会力量。

综上，尽管学术界和官方目前并没有完全统一的关于社会力量的定义，但是大多认同政府之外的企业、社会组织、公民都属于社会力量的重要组成部分，现有的关于体育治理的研究也大多认为体育治理的主体应包括政府、体育社会组织、企业和公民个人。根据以上定义并结合研究的需要，本书中社会力量是指县域党政机关事业单位之外的体育社会组织、企业和公民。其中，体育社会组织是指根据现行法规在县级民政部门登记注册及在相关部门备案登记的体育社团、体育类社会服务机构（体育民办非企业单位）、体育基金会等非营利性组织，不包括共青团、妇联、工会等人民团体下属的体育组织，以及未根据现行法规在县级民政部门登记注册和相关部门备案登记的自发性群众体育组织。企业既包括县域内的各种国有企业、民营企业、专门从事体育管理和服务的企业，也包括热心为县域群众体育事业做贡献的其他企业。公民包括县域内的普通公民及县域内热心群众体育事业的各界社会人士。

[1] 马国泉. 新时期新名词大辞典[M]. 北京：中国广播电视出版社，1992：256.

[2] 郑丽萍. 社会力量参与公共文化服务研究：以浙东南地区的实践为例[D]. 上海：华东理工大学，2012.

[3] 唐钧. 社会救助管理需专业化[J]. 社会观察，2014（8）：27-28.

[4] 康莉莹. 论社会力量参与社会救助[J]. 法制与社会，2015（36）：16-20.

[5] 郭修金. 治理视域下社会力量参与全民健身研究[J]. 南京体育学院学报，2016，30（4）：11-16.

二、县　域

县作为行政区划，在我国已有两千多年的历史。在秦朝，我国的郡县制度就已经完全确立。在历史上，县一直是最重要和最稳定的地方政府。中华人民共和国成立以后，县在我国作为一级行政区划，隶属于地级市、直辖市、自治州之下，作为我国行政体制的基层枢纽，所有涉及基层民众的公共政策都要通过县级政府及其设置的与上级政府对应的各类县级机构来执行，可见，县对我国政治稳定、经济繁荣以及各类社会公共事务的治理发挥着无可替代的作用[1]。目前在我国，广义的县域包括县、自治县、不设区的县级市及市辖区四类县级政府所辖区域。这几大类的县管理社会事务的重点是有所不同的，市辖区重点对城市事务进行管理，而县级市、县、自治县则兼顾农村和辖区内的小城镇。本书所要研究的县域，不包括市辖区，主要以县、自治县、县级市这三种类型的县级政府所辖区域为研究对象，这里所指的县域是以县城作为中心地带，包括广大的农村、乡镇。

三、县域群众体育

在我国，“群众体育”和“社会体育”是两个意义相近又颇受争议的概念。“群众体育”是群众性体育活动的简称，反映了在中华人民共和国成立初期体育领域对当时所倡导的群众运动的响应，是政府主导下的一项重要的福利措施，在特定的时代背景下带有明显的“运动式”的特征[2]；而“社会体育”的概念，则是在改革开放以后，对“群众体育”的继承和发扬。部分学者认为，改革开放以来，我国的群众体育运行机制逐渐向“国家办”和“社会办”相结合的方向发展，而1995年颁布的《中华人民共和国体育法》也以法律的形式对“社会体育”这一概念的地位进行了确定，因此，“社会体育”的概念比“群众体育”的概念更能适应时代的变

[1] 王敬尧. 县级治理能力的制度基础：一个分析框架的尝试[J]. 政治学研究，2009（3）：36-46.

[2] 吕树庭，王伯超. 再论群众体育与社会体育：概念之间关系的梳理与辨析[J]. 武汉体育学院学报，2006，40（8）：1-4.

化。然而，无论是在学术研究领域，还是在党和政府的政策文件中，“群众体育”仍然是一个使用频率很高的词汇，如2016年颁布的《体育发展“十三五”规划》提出“全民健身国家战略深入推进，群众体育发展达到新水平”；2016年，《中华人民共和国国民经济和社会发展第十三个五年规划纲要》对体育事业的发展做出了“促进群众体育与竞技体育全面协调发展”的战略规划。同时，我国主管体育工作的政府职能部门，也多以“群众体育”这一定义对自身的职能进行界定，如国家体育总局群众体育司，以及各地方体育行政部门的群体处、群体科等。尽管“社会体育”这一概念在一定程度上反映了我国群众体育发展的变迁和内在需要[1]，但是为了和官方的习惯保持一致，避免产生概念的混淆，本书仍然沿用“群众体育”这一概念。

对于“群众体育”这一概念的内涵与外延，国内学者也作出了多种定义。卢元镇[2]认为，群众体育指人民群众在余暇时间自愿参加的，以健身、消遣、娱乐和社交为目的的内容广泛、形式多样的体育活动。袁旦[3]认为，广义的群众体育是指社会成员在余暇时间中广泛开展的，以身体运动为主要手段，以提高身体健康水平及娱乐消遣为主要目的，在身心健全发展的阶梯上不断超越自我，促进社会物质、精神文明进步的社会实践；狭义的群众体育则是指除在学校和武装力量（军、警部队）中开展的体育之外，在社会一切其他行业或活动领域人们的余暇时间中开展的体育。本书所定义的县域群众体育是指县、自治县、县级市所辖区域内，以县城作为中心地带，包括广大农村、乡镇的人民群众，在余暇时间自愿参加的，以健身、消遣、娱乐和社交为目的的内容广泛、形式多样的体育活动，不包括县域内的学校和武装力量开展的体育活动。

---

[1] 吕树庭，王伯超. 再论群众体育与社会体育：概念之间关系的梳理与辨析[J]. 武汉体育学院学报，2006，40（8）：1-4.

[2] 卢元镇. 社会体育导论[M]. 北京：高等教育出版社，2011：12.

[3] 中国群众体育现状调查课题组. 中国群众体育现状调查与研究[M]. 北京：北京体育大学出版社，1998：125.

四、县域群众体育治理

20世纪90年代以来，“治理”一词开始频繁地出现于公共行政学、政治学、法学等研究领域中。尽管学术界对治理的内涵有着多种不同的定义，但是，学者们都普遍认可公共事务的管理不应该以政府为唯一的管理主体，而是要更多地依靠公民、社会组织、企业等社会力量，通过民主协商与合作共赢的方式，发挥各自的优势和特点，以实现公共利益的最大化和各利益主体的最大效益。主体的多元化、治理方式方面的协商与合作、以共赢为目标是治理理论的主要特点。

在我国，自从十届三中全会将国家治理体系和治理能力现代化建设作为深化改革的总目标以来，学者也纷纷对国家治理的概念进行了界定。王浦劬[1]认为，国家治理的基本含义就是在中国特色社会主义道路的既定方向上，在中国特色社会主义理论的话语语境和话语系统中，在中国特色社会主义制度的完善和发展的改革意义上，中国共产党领导人民科学、民主、依法和有效地治国理政的过程；何增科[2]认为，国家治理是国家政权的所有者、管理者和利益相关者等多元行动主体在一个国家的范围内对社会公共事务的合作管理，其目的是增进公共利益和维护公共秩序。虽然学者对国家治理的概念进行了不同的解读，但是普遍认为治理强调主体的多元化，各类社会组织、企业和公民个人应当和政府合作开展社会公共事务的治理。在明确了国家治理概念的基础上，当前学术界对体育治理的概念也进行了多种定义。杨桦[3]认为，体育治理是指在中国共产党的领导下，一元主导，政府、体育社会组织、市场和公民个人多元合作协同，共同管理体育事务，为实现国家体育目标和满足人民体育需求，推动体育发展的过程。于善旭[4]认为，体育治理是指在国家的现代化治理中，政府和社会的多元主

[1] 王浦劬. 国家治理、政府治理和社会治理的含义及其相互关系[J]. 国家行政学院学报，2014（3）：11-17.

[2] 何增科. 理解国家治理及其现代化[J]. 马克思主义与现实，2014（1）：11-15.

[3] 杨桦. 中国体育治理体系和治理能力现代化的概念体系[J]. 北京体育大学学报，2015，38（8）：1-6.

[4] 于善旭. 论法治体育在推进体育治理现代化中的主导地位[J]. 上海体育学院学报，2014，38（6）：1-6.

体运用现代思维和模式，依法对各项体育事务进行共同整治和管理。

综上所述，县域群众体育治理就是治理理论在县域群众体育公共事务领域中的实践，是政府、体育社会组织、企业（市场）及公民多元主体，为了更好地满足县域群众的多元化体育需求，对事关县域群众体育的公共事务所进行的有序、有效的管理活动，在这一过程中，政府和社会力量不但要共同承担对县域群众体育公共事务的责任，也要在制度化的条件下共同分享事关县域群众体育公共事务的资源和权力，在提供公共体育场地、赛事活动、培训等公共体育服务的同时，还要参与县域群众体育公共政策的制定，更好地维护县域群众的公共体育利益。这一概念有别于传统的县域群众体育管理，一般而言，县域群众体育管理等同于政府的体育管理，而社会力量则是被管理的对象，县域群众体育治理的实质则在于主体的多元化，强调多元主体之间的良性互动；同时，县域群众体育管理的目标更多地体现政府的意图，而县域群众体育治理则更多地强调对公共体育利益的维护；县域群众体育管理往往依靠行政命令实现，而县域群众体育治理的方式则更强调制度化的民主与协商。

第二章

社会力量参与县域群众体育治理的理论研究

第一节　社会力量参与县域群众体育治理的理论基础

党的十八届三中全会通过的《中共中央关于全面深化改革若干重大问题的决定》提出“全面深化改革的总目标是完善和发展中国特色社会主义制度，推进国家治理体系和治理能力现代化”。为了体现对中央精神的高度拥护，“治理”一词开始在我国各领域、各地方政府的文件和报告中频繁出现，治理理论在我国全面深化改革过程中的价值及其适用性迅速引发了学术界的热议，有学者对国家治理体系和治理能力现代化建设的提出给予了高度评价，认为这是自20世纪五六十年代提出“四个现代化”以后，党和政府所提出的第五个“现代化”[1]。可见，治理理论的应用将对我国各项社会主义现代化建设事业，包括县域群众体育事业的发展带来深远影响。然而何为治理理论？本节将对治理理论兴起的历史背景及其内涵进行探讨和阐释。

[1]　李景鹏. 关于推进国家治理体系和治理能力现代化：“四个现代化”之后的第五个“现代化”[J]. 天津社会科学，2014（2）：57-62.

一、治理理论兴起的历史背景

“治理”一词在我国由来已久，中国古代的“治理”总体而言指的是统治者对国家的管理，既指使社会达到安定有序的状态，如“天下大治”，又指统治者对国家具体事务进行管理的过程，如“治水”等。英文中的“governance”原意是控制、引导及操纵，《简明牛津词典》中该词既指统治的方式或是行为，也指运用权威对社会进行控制、支配。因此，东西方传统意义上治理都意味着政府运用公共权力对社会进行统治和支配，无论古今中外，治理这一政治词语都与公共权力相关，反映国家和社会之间的关系[1]。

20世纪80年代以来，随着西方福利国家制度陷入危机，西方发达国家逐渐认识到无论是政府还是市场都有可能出现失灵，强调市场主导的新自由主义容易造成垄断、失业和分配不公等失灵现象，而强调国家干预的“凯恩斯主义”虽然在避免经济危机、进行宏观调控、消除分配不公等方面发挥了重要的作用，但是过度强调国家的干预和控制，既无法达到合理配置资源和有效提供公共服务的目标，又容易导致效率低下、寻租腐败等现象的产生。政府和市场“两只手”的交替使用，始终无法克服“政府失灵”和“市场失灵”的弊端，强调政府、市场和社会等多元主体间互动协作的治理理论应运而生，越来越多的国家开始尝试用治理理论来对国家机制和市场机制进行反思和纠正。与此同时，经济全球化、信息技术革命使各国人民在经济和政治上产生了更多的依存感，越来越多的跨国公司、国际非政府组织开始以各种各样的形式参与社会治理，政府不再是社会事务的垄断者，经济全球化的发展使各国政府必须进行变革以适应不断变化的国际环境，国家、市场和社会之间的关系需要进行重新定位[2]。

20世纪90年代，治理理论开始引起国家组织和各国政府的关注。1998年，世界银行在《撒哈拉以南的非洲：从危机到可持续增长》中，第一次

[1] 徐勇. 治理转型与竞争：合作主义[J]. 开放时代，2001（7）：26-33.

[2] 施雪华. 国外治理理论对中国国家治理体系和治理能力现代化的启示[J]. 学术研究，2014（6）：31-36.

使用了“治理”这一新的概念，从此，世界银行、联合国等国际组织开始接受并运用这一概念，世界银行于1992年发布的年度报告标题为《治理与发展》；经济合作与发展组织在1996年发布了名为《促进参与式发展和善治的项目评估》的文件；联合国教科文组织于1997年发布了名为《治理与联合国教科文组织》的文件；联合国成立了“全球治理委员会”，并创办名为《全球治理》的杂志。同时，治理理论也得到了一批政治家的拥护，如“第三条道路”的倡导者施罗德就将“新治理”作为其推行新政治的主导概念，提出要限制国家的行动能力，将“少一些统治，多一些治理”作为新的政治目标[1]。自治理理论产生以来，关于治理理论的文献到了汗牛充栋的地步，其论点开始广泛散布于政治学、行政学等多个学科中[2]。与此同时，关于治理理论的实践也开始从发达国家扩展到发展中国家，治理理论不但成为发达国家缓解福利国家危机的良方，也被发展中国家用来指导公共行政的改革。在这一变革的过程中，尽管治理理论也常常受到指责，被视为“新瓶装旧酒”，但是治理理论强调国家以外的社会力量及公共利益，仍然十分显著地推动了众多国家公共行政的改革。

随着国家市场经济体制改革的推进及社会转型期各类问题的不断凸显，为了回应民众对于民主、法治、责任、透明等方面日益迫切的要求，自20世纪90年代开始，中国开始着手进行一场深刻的制度变革，如何正确处理国家与社会的关系这一论题逐渐受到学术界的重视，因此，治理理论一经引入中国，就引起了国内学者的广泛关注，这一新的理论很快在中国获得了解释甚至影响改革进程的制度空间[3]。众多学者将治理与中国现代国家构建、政治和行政体制改革紧密地联系在一起，他们认为治理理论对于研究、总结和展示我国改革开放以来政治发展的成就极为有用，从而对这一理论寄予厚望[4]。在治理理论备受推崇的同时，也有学者提出，党的十八届三中全会后掀起的治理研究热潮属于马克思国家治理理论体系，而一部分

[1] 俞可平. 论国家治理现代化[M]. 北京：社会科学文献出版社，2015：18.
[2] 王诗宗. 治理理论及其中国适用性[D]. 杭州：浙江大学，2009.
[3] 李泉. 治理理论的谱系与转型中国[J]. 复旦学报（社会科学版），2012，54（6）：130-137.
[4] 郁建兴，王诗宗. 治理理论的中国适用性[J]. 哲学研究，2010（11）：114-121.

学者对于治理的研究与推崇却属于另一套话语体系，两种话语体系并不能真正对话，同时，治理理论依靠国家-市场-社会的关系结构而生存，而中国的国家-市场-社会的关系结构明显不同于西方[1]。尽管有部分学者对治理理论在中国的适用性产生了怀疑，但是从我国当前全面深化改革的思路来看，国家在不断主动地创新社会治理体制，党的十八届三中全会以后，市场、社会和公民个人在国家治理体系中的地位也在不断提升。

总体而言，在经济全球化的浪潮中，治理理论所主张的对绝对主权和绝对权威的质疑，较符合后现代性的思维方式[2]。虽然中国的现代性任务尚未完成，使得治理理论在中国遭遇了现代性和后现代性相冲突的张力，但是这种特殊的语境反而为治理理论的生长提供了更为丰富的土壤和试验场景。

二、治理理论的内涵

治理理论的兴起不但有深刻的历史背景，也具备深厚的理论依据：公共选择理论及新自由主义思潮。以布坎南为代表的公共选择理论继承了传统的经济理性的假设，认为无论是经济活动还是政治活动，都必然追求个人利益的最大化，政府也不能完全代表公共利益，因此，必须要减少政府的干预，对公共服务的提供引入竞争机制[3]。相对于公共选择理论而言，新自由主义则对政府给予更多的否认，他们主张限制政府的权力，强调市场自由配置资源的作用[4]。公共选择理论和新自由主义虽然各有弊端，但是二者都主张限制政府的权力，对治理理论的发展和完善发挥了重要的作用。

20世纪80年代以来，西方学术界开始赋予“治理”一词新的含义，治理理论的创始人之一詹姆斯·罗西瑙在《没有政府统治的治理》和《21世

[1]　郑杭生，邵占鹏. 治理理论的适用性、本土化与国际化[J]. 社会学评论，2015，3（2）：34-45.
[2]　郁建兴，刘大志. 治理理论的现代性与后现代性[J]. 浙江大学学报，2003，33（2）：5-13.
[3]　布坎南. 自由、市场和国家[M]. 吴良健，桑武，曾获，译. 北京：北京经济学院出版社，1988：18.
[4]　龙献忠，杨柱. 治理理论：起因、学术渊源与内涵分析[J]. 云南师范大学学报（哲学社会科学版），2007，39（4）：30-34.

纪的治理》等代表作中指出，治理是在没有强权的情况下，各相关的行动者为了实现共同的目标而克服分歧的过程，治理和统治的区别在于，统治依靠的是政府自上而下的权力，而治理则强调行动者之间的共识和协商。治理理论的另一位代表人物罗茨则认为，治理依靠网络成员的资源交换和共同协商，它改变了国家权力的边界，使公共部门、私人部门及第三部门的界限变得模糊，作为自组织形式，治理是不需要向国家权力负责的。在治理理论发展的过程中，学者们对治理的见解不尽相同，并逐渐形成了国家中心与社会中心两种不同的路径。持国家中心论的学者虽然也强调治理主体之间的伙伴关系，但是仍然肯定政府在治理中的权威主导作用；持社会中心论的学者认为治理主要是靠多元主体之间的自主协商，政府只是治理中的普通参与者，不应该依靠政府权力对治理的过程进行主导[1]。尽管治理理论在发展的过程中产生了各种不同的定义，对于政府在治理中的作用也存在着争论，但是总体而言，在国家中心论和社会中心论之间仍旧达成了一定的共识。

斯托克[2]对各种治理的概念进行了梳理和总结：治理意味着政府不再是唯一的权力中心，公共事务的管理不限于政府的权力和权威，国家和社会、公共部门和私人部门之间的责任和界限将日益模糊不清；在治理的体系中，各个社会公共权力之间存在着资源和权力的依赖，参与者将形成自主性的网络。全球治理委员会在《我们的全球之家》研究报告中对治理概念的界定则更为权威：治理是各种公共或私人的机构和个人管理其共同事务的诸多方式的总和。它是指相互冲突的或不同的利益得以调和并且采取联合行动的持续的过程。它既包括有权迫使人们服从的正式制度和规则，也包括各种人们同意或以为符合其利益的非正式的制度安排。我国学者俞可平[3]认为，“治理”一词的基本含义是指官方的或民间的组织在一个既定的范围内运用公共权威维持秩序，满足公众的需要。

---

[1] 田凯，黄金. 国外治理理论研究：进程与争鸣[J]. 政治学研究，2015（6）：47-58.

[2] 斯托克，华夏风. 作为理论的治理：五个论点[J]. 国际社会科学杂志（中文版），2019，36（3）：23-32.

[3] 俞可平. 论国家治理现代化[M]. 北京：社会科学文献出版社，2015：23.

治理的目的是在各种不同的制度关系中运用权力去引导、控制和规范公民的各种活动，从而最大限度地增进公共利益。所以，治理是一种公共管理活动和公共管理过程，它包括必要的公共权威、管理规则、治理机制和治理方式。从治理理论兴起的历史背景和学术渊源的探讨中，我们可以发现，虽然治理和统治之间也存在一些共同点，如以维持正常社会秩序为最终目的、都需要权威和权力等，但是“治理”和“统治”“管理”这两个词汇在内涵上还是存在很大差别的。①治理主体的多元化。这是治理和统治最本质的区别。在社会公共事务的管理体系中，除了政府以外，市场、社会组织、公民个人都可以参与社会公共事务的管理。②治理方式和手段的多样性。统治运用的主要是政府自上而下的政治权威，治理则强调多元主体之间通过民主协商来建立合作关系。③治理目标的一致性。统治主要依靠政府的权威来实现，而治理的权威却主要源于多元主体之间的共识，能够得到大多数人的认可。因此，治理十分注重公众的诉求和意愿，将实现公众的意愿作为最终的目的，无论是政府、市场、社会组织还是公民个人，各主体的治理活动都是围绕着这一最终目标展开的。治理的目的就是实现善治，即实现公共利益的最大化[1]。

第二节　社会力量参与治理与县域群众体育体制改革的适切性

我国历来重视县域群众体育事业的发展，通过下发《关于深化改革加快发展县级体育事业的意见》（国办发〔1996〕50号）等政策文件，开展全国体育先进县创建活动及实施农民健身工程计划等体现了对群众体育事业的高度重视。过去，政府曾利用资源动员与分配上的优势，大大调动了县级政府发展县域群众体育事业的积极性，涌现出一大批的体育先进县，促进了县域群众体育事业的发展。然而，伴随着我国社会经济的快速发展，

[1] 俞可平. 论国家治理现代化[M]. 北京：社会科学文献出版社，2015：24.

县域群众体育管理的难度和复杂度不断加深，如群众多元化体育需求的增长、城乡差距的扩大、体育行政部门职能弱化等问题，使得县级政府群众体育管理的效率和效果不断下降，政府单一主导的群众体育管理模式已经不能适应当前县域群众体育发展的需要。这就需要对传统的县域群众体育管理体制进行改革，实现从群众体育管理到群众体育治理的转变，以弥补政府单一主导的不足。社会力量参与县域群众体育治理，形成于政府的互动合作，成为我国县域群众体育改革和发展的新模式。

一、传统群众体育管理体制下县域群众体育发展的困境

（一）县域群众体育财政投入不足

近年来，我国不断加强对群众体育的财政投入，投入的方式和渠道也在不断创新，但是，受传统群众体育管理体制的影响，政府的公共财政投入仍旧是县域群众体育财政投入的主要来源，中西部县级政府发展群众体育的资金几乎全部依赖财政拨款，部分县域群众体育的民间投入和参与几乎为零。在群众体育财政投资渠道单一的同时，受我国分税制的财政政策和县域经济发展水平的影响，长期以来我国县域群众体育公共财政投入却明显不足，县级财政能力与日益增长的公共体育服务需求不相匹配的矛盾日益凸显。

自从我国实行分税制以来，县级政府作为我国最基层的地方政府，承担的公共事务最繁杂，而得到财税分成却最低，县级税收的75%要归中央财政，县级财政最多只能分配到25%。分税制虽然强化了中央政府对地方政府的管理，但是由于县级政府承担着各个领域烦琐的社会公共事务，财税向中央政府的流动导致县级政府的“财权”和“事权”呈现出明显不对等的现象。相对于东部经济发达地区，分税制对于财政收入有限的中西部地区影响更为明显，部分县级的税收基本只能用来发放人员工资。面对各项繁杂的社会公共事务，县级政府缺乏履行公共服务责任的基本财政能

力[1]，而这一矛盾在县域公共体育服务的供给中显得尤为突出。县级财政对群众体育工作的经费预算支出存在着较大的不确定性，投入的总量和人均经费都偏低，有学者的调查显示，部分县级财政对体育事业的经费投入人均不足1元[2]。

财政投入的不足直接导致我国县域群众日益增长的公共体育服务需求难以得到有效满足。根据国家体育总局于2014年12月公布的《第六次全国体育场地普查数据汇编》，我国广大乡村体育场地面积仅占总量的31.39%。国家发展改革委和国家体育总局于2016年12月联合发布的《“十三五”公共体育普及工程实施方案》（发改社会〔2016〕2850号）指出：“我国城乡之间、区域之间设施数量和质量水平存在较大差异，中西部的一些农村地区、贫困地区普遍缺少体育设施。”由于群众体育财政投入的不足，我国县域群众，特别是农村群众对体育健身指导、培训、信息咨询、体质监测等公共体育服务的满意程度持较低水平[3]。

（二）县级体育行政部门职能弱化

体育行政机构健全是县域群众体育事业发展的组织保障，由于我国乡镇普遍未设置专职人员主管体育工作，作为直接主管县域体育工作的职能部门，县级体育行政部门能否有效发挥其职能，将直接影响县域群众体育管理的成效，影响广大县域群众对国家体育事业的评价。尽管群众体育事业是关系到广大人民群众身心健康的民生工作，但是，从当前我国县级行政机构发展的实际情况来看，县级体育行政部门职能弱化已经成为非常普遍的现象。

我国县级体育行政部门的职能曾一度受到国家的高度重视，20世纪80年代中期，国家体委（现国家体育总局）曾通过“全国体育先进县”评选工作，促进了原来撤并的县级体育行政部门的恢复，增配了县级体育行政

[1] 姜志勇. 面临三大难题困扰，基层改革积极性堪忧[J]. 北方经济，2015（4）：9-10.

[2] 花楷，刘志云. 协同治理：县级政府体育公共服务供给“碎片化”与消解[J]. 天津体育学院学报，2016，31（6）：485-490.

[3] 戴健. 中国公共体育服务发展报告（2013）[M]. 北京：社会科学文献出版社，2013：78.

干部，此举有力地推动了县域群众体育工作的开展。但是1998年以来，随着国家体委正式改组为国家体育总局，国家体委既往指导、监督地方体育行政部门的功能被取消，提高了地方政府体育管理的自由度[1]，县级体育行政部门总体上出现了职能弱化的现象。首先，受县级政府以经济增长为中心的发展观的影响，体育工作往往难以成为县级政府的工作重心，体育行政部门在疲于应付县级政府布置的各种中心任务的同时，其核心职能往往被弱化。其次，我国体育行政部门人员编制出现了大幅度的减少，2013—2017年，我国县级体育行政机构的工作人员从26119人减少到了17214人[2]，部分县仅有1~2名全职工作人员主管群众体育工作。最后，受地方行政机构改革的影响，我国部分县级政府对体育、文化、教育等职能部门实行了机构合并。

在自身职能弱化的同时，我国部分县级体育行政部门仍旧坚持单一主导的群众体育管理体制，使县级体育行政部门处于“全而弱”的状态，导致群众体育场地设施无人管理，群众体育赛事、活动、培训等开展乏力，对县域群众体育工作的顺利开展造成了较为严重的影响。在一些边远的县域，群众体育基本处于无场地、无经费、无活动的状态，县级体育行政部门自身的能力与基层群众体育结构的复杂化不相匹配。县级体育行政部门的职能弱化，既是当前地方行政机构改革的结果，也是我国县域群众体育管理环境发生转变的表征[3]。为了充分满足县域群众多元化的体育需求，在县级体育行政部门职能弱化的情况下，对传统的县域群众体育管理体制进行改革已经迫在眉睫。

（三）县域公共体育服务供给对公民需求偏好的忽视

随着社会经济的快速发展，公众的体育需求增长迅速的同时，还呈现出

[1] 张玉祥. 公共体育服务整合理念下县域体育体制改革路径探讨[J]. 山东体育学院学报，2016，32（4）：49-55.

[2] 冯火红，张莹. “大部制”改革背景下区（县）体育与文化机构整合研究[J]. 北京体育大学学报，2015，38（5）：19-23.

[3] 同[1].

主体多元化、结构复杂化、需求多样化的特点[1]，受城乡差异、生活习惯、居住环境的影响，县域群众的体育需求的差异性则更加明显。与此同时，在传统群众体育管理体制下，适应这种变化的公共体育服务供给决策机制却并未及时建立起来。当前我国县级体育行政部门仍然依靠自上而下的行政命令实现对群众体育的管理，在提供公共体育服务的过程中存在对公民需求偏好的忽视。

受“一把手独大”现象和不合理“政绩观”的影响和制约，当前我国县域公共产品供给常常是领导个人偏好，或个人或集团利益驱使的结果[2]，县域群众则被排斥在决策系统之外，这一点在县域公共体育服务的供给上也体现得较为明显。如我国一些经济较为落后的县域大力修建大型体育场馆，这些场馆的功能单一、选址偏僻，没有采取适当的便民、惠民措施，这些体育场馆利用率极低，造成了对有限的群众体育资源的巨大浪费。有学者的调查显示，湖南省某县投资1000多万元于1998年建成的体育中心仅使用4年便惨遭“废弃”。2013年，计划投资3亿元的县文化体育中心选址偏远，居民体育活动受到严重的限制[3]。同时，国家体育总局为推进农村体育发展而开展的农民健身工程项目而呈现出了形式统一与特征多元之间的矛盾[4]。出于对政绩的考虑，为了及早获得农民健身工程的项目，县级体育行政部门往往忽视群众的真实意愿、忽视地方传统特色的体育项目，对农民健身工程实行统一和标准化的配置。作为一项惠民工程，农民健身工程的实施并未取得应有的效果，闲置、浪费、挪作他用的现象普遍存在。

对公民公共体育服务需求偏好的忽视，不但导致了群众体育资源的闲置和浪费，也降低了群众对公共体育服务的满意度。尽管当前我国县域仍然面临体育资源总量不足的困境，但是从全国第五次、第六次体育场地普查数据对比的情况来看，2003—2013年，全国乡（镇）村体育场地占全国体

[1] 刘亮. 全面深化改革背景下我国体育改革的逻辑、动力、目标及路径[J]. 体育科学，2015，35（10）：10-16.

[2] 闫留义. 中国县级政府公共产品供给问题研究[D]. 天津：天津师范大学，2009.

[3] 舒宗礼，王华倬，夏贵霞. 新型城镇化背景下我国县域公共体育场馆配置研究[J]. 上海体育学院学报，2017，41（1）：18-24.

[4] 郇昌店. 农民体育健身工程的运行逻辑、项目不足与完善思路[J]. 天津体育学院学报，2015，30（1）：23-28.

育场地总数的比例提高了30%左右。然而县域体育场地面积和数量的增加却并未对经常参加锻炼的体育人口带来实质性的变化，根据国家体育总局于2015年12月发布的《〈全民健身计划（2011—2015年）〉实施效果评估报告》提供的数据，我国16岁农村居民经常参加锻炼的人数比例仅为9.5%，与2007年相比，仅提高了5.4%。农村经常参加体育锻炼人数比例低、增长缓慢，直接反映了我国县域体育场地的利用率较低，而公共体育服务的“供非所求”是导致这一现象的主要因素。

二、社会力量参与治理对县域群众体育事业的价值

在我国全面深化体育改革、推动体育治理体系和治理能力现代化建设的背景下，治理理论为县域群众体育体制改革指明了方向。引入社会力量参与治理，县域群众体育治理将更多地体现出多元性、合作性和协商性。实现从县域群众体育管理到县域群众体育治理的转变，将为县域群众体育治理模式和治理理念带来深刻的变革，使县域群众发展的主体、目标、方式和手段发生深刻的变化（表2-1），从而有效解决当前我国县域群众体育发展的困境。

表2-1　县域群众体育治理和县域群众体育管理的区别

	体育管理	体育治理
主体	政府	政府、体育社会组织、企业、公民
目标	国家合理性	社会合理性
方式	命令和服从	沟通和协商
手段	人治	法治

（一）治理主体的多元化与群众体育资源的有效整合

在政府单一主体的群众体育管理体制下，虽然面临着自身职能不断被弱化、资源相对匮乏的困境，县级体育行政部门仍然紧紧抓住有限的资源和权力，以绝对的权威对县域群众体育公共事务进行管理，管了许多政府

“不该管”且也“管不好”的群众体育公共事务，不重视对社会力量的培育和扶持。目前我国仍有30%左右的县级单位没有成立体育总会，70%左右的县没有设立社会体育指导员协会[1]，严重制约和阻碍了县域公共体育服务的有效供给。

引入社会力量参与县域群众体育治理，意味着政府将欢迎更多的权力与资源分享[2]，在县域群众体育公共事务的治理中，政府和体育社会组织、企业、公民之间应构建一种规范理性的权力分享、责任分担、资源共享、合作共治的稳定关系模式和体育治理格局[3]。这种多元主体合作治理的格局，能使政府和社会力量互相取长补短，有效整合县域群众体育发展所需的资源，改变政府单一主体所带来的资源匮乏、效率低下的困境，提高政府公共体育服务供给的效益。

（二）治理方式的协商化与群众公共体育利益的有效维护

在传统的政府单一主导的群众体育管理体制下，县级体育行政部门主要依靠自上而下的行政命令的方式实现对群众体育的管理，这种单向度的管理方式，使得我国以市场为导向的群众体育社会服务体系构建滞后，体育社会组织缺乏行动力、行政化倾向严重，公民参与严重不足，社会力量在群众体育的发展中没有发挥出应有的作用[4]。社会力量参与的不足，加大了县域公共体育服务供给与群众多元化体育需求之间的矛盾，损害了群众的公共体育利益。

亚里士多德[5]认为，治理者按照自己的意志得到的治理知识是片面的和存在缺陷的，独断专行的结果只能导致错误的决策和错误的治理。正确的治理是与政府独断的意志相矛盾的，它只能来自治理主体间的沟通与协

[1]　任海. 发展社区体育，重构中国体育的微观基础[R]. 北京：中国体育社会科学中青年骨干培训，2018.

[2]　敬乂嘉. 合作治理：历史与现实的路径[J]. 南京社会科学，2015（5）：1-9.

[3]　杨桦. 中国体育治理体系和治理能力现代化的概念体系[J]. 北京体育大学学报，2015，38（8）：1-6.

[4]　仇军. 群众体育发展的困境与出路[J]. 体育科学，2016，36（7）：3-48.

[5]　亚里士多德. 政治学[M]. 吴寿彭，译. 北京：商务印书馆，1965：164.

商。引入社会力量参与县域群众体育治理，意味着体育行政部门将就群众体育公共事务的相关问题与社会力量展开协商合作，通过社会力量有效表达群众的真实体育诉求，促使政府的公共政策体现公共利益，并得到社会的认可和支持[1]，从而提高政府的合法性。同时，通过社会力量与政府的沟通和协商，对政府的权力进行有效监督，避免政府的自利性过度扩张，从而有效避免群众体育领域的权力寻租现象，更好地维护群众的公共体育利益。

（三）治理手段的法治化与多元主体间矛盾的化解

当前，在我国体育领域存在着法治整体薄弱的现象，一些体育阵地成为排斥法治的“独立王国”。就县域群众体育的管理体制而言，长期以来高度的行政化形成了对法律权威的排斥，政府在群众体育资源和权利分配上的人治的特征非常鲜明,导致公民的体育权利难以得到有效保障，多元主体之间利益分化将不断显现，权利诉求将不断增长。

党的十八届三中全会提出“深化改革的总目标是推进国家治理体系和治理能力现代化”后，党的十八届四中全会又通过了《中共中央关于全面推进依法治国若干重大问题的决定》，法治在国家治理现代化建设中的基础和核心地位得到进一步加强，最终的目的是使我国从传统的人治社会转变为现代意义上的法治社会。引入社会力量参与县域群众体育治理，实现县域群众治理手段从人治到法治，能用制度化的方式实现对政府权力的有效制约，打破体育行政部门对群众体育资源的垄断，明确各类治理主体的地位、权力和边界，依法建立政府和社会力量共同参与、多元共治的县域群众体育治理格局；县域群众体育治理的手段从人治到法治，能依法协调多元主体之间的利益关系，促进县域群众体育公共政策的民主化和科学化，和传统的人治相比，透明、公正的法治手段能有效化解县域群众体育治理中的各种矛盾，从体育利益失衡、冲突走向协调与均衡的善治状态[2]。

---

[1] 王桂云，李涛. 巩固和加强政府合法性基础的路径选择：基于政府自利性与合法性关系视角的思考[J]. 兰州大学学报（社会科学版），2011，39（1）：93-98.

[2] 于善旭. 论法治体育在推进体育治理现代化中的主导地位[J]. 上海体育学院学报，2014，38（6）：1-6.

（四）治理目标的社会合理性与县域群众体育“人民共享”的实现

福柯认为，在19世纪以来的现代世界中，存在着一系列的治理合理性，即以真理为准则的治理，以国家的合理性为准则的治理，以被治理者自身的合理性为准则的治理[1]。所谓的国家合理性就是指一切的公共事务中和所有的规划和意见都是为了国家，国家理由的治理目的只是国家本身，社会和个人只是国家的工具或者手段[2]。长期以来，我国县域群众体育的基本发展观念就是国家合理性，群众体育的政治功能和经济功能被过分强调，甚至变成部分官员捞取政绩的资本和少数人谋取私利的工具，群众体育变成了“政府的体育”“官员的体育”，群众体育的社会功能被压抑，不能发挥应有的作用。

引入社会力量的参与，实现县域群众体育治理转型的目的是实现县域群众体育治理的理想状态——县域群众体育的善治。县域群众体育的善治就是政府与社会力量为了维护县域群众的公共体育利益而进行的积极及有成效的合作，在保障社会力量自身利益不受损的前提下，充分发挥社会力量的积极性，形成对县域群众体育治理体制改革的共识，更好地满足新时代县域群众的多元体育需求，实现县域群众公共体育利益的最大化。依靠企业、体育社会组织、公民个体的力量自下而上地推动县域群众体育治理善治的实现，不但能有效弥补县域群众体育资源的不足，还能使群众体育融入县域人民群众的生活中，成为一个开放的、多层次的、网络化的，像血管、神经般渗透到社会有机体的各个组成部分的通体性结构[3]。总之，只有县域群众体育真正成为“群众的体育”“社会的体育”，才能更好地发挥县域群众体育的社会功能，使县域群众共享我国体育改革和发展的成果，增强县域群众的“获得感”和“幸福感”。

---

[1] 福柯. 生命政治的诞生[M]. 莫伟民，赵伟，译. 上海：上海人民出版社，2011：275.

[2] 刘智峰. 国家治理论[M]. 北京：中国社会科学出版社，2014：134.

[3] 袁旦. 时代呼唤人文体育价值观和工具理性体育价值观批判（2）：从一本西方体育著作说起[J]. 天津体育学院学报，2012，27（1）：1-10.

第三节　社会力量参与县域群众体育治理的条件探讨

社会力量参与县域群众体育治理具备一定的理论基础，也符合我国县域群众体育发展的现实需要。然而，对于治理理论的讨论中，也不乏有学者对治理理论在我国的实践提出了质疑，认为从严格意义上来说，按照治理的概念去探讨政府与社会力量的互动关系，在中国很难找到现实的关照。为此，本研究认为，在我国引入社会力量参与县域群众体育治理之所以具备一定的现实可能性，一方面，源自中央政府在面对公共服务治理能力不足时主动做出的宏观政策调整，以确保地方政府能主动与社会力量在群众体育公共事务的治理领域开展互动合作；另一方面源自社会力量在自我不断成长的过程中，体现出了参与县域群众体育治理的主动性。

一、政府在制度层面的主动调适

（一）体育社会组织在体育治理中的主体地位逐步明确

党的十八大以来，我国政府与社会组织的关系出现了新的动向，与以往政府对社会组织采取双重控制、限制登记等单一的控制策略不同的是，政府的社会组织发展策略正转向更加柔性和激励导向的控制，以及更加实用的赋权[1]。在面对治理能力不足的困境时，政府不但能主动简政放权，搭建和社会组织在社会公共事务方面的合作框架，也开始重视对社会组织的发展和培育，在逐渐放松体育社会组织等四类社会组织的注册登记的同时，鼓励社会组织提供服务、反映诉求、规范行为和促进和谐，为体育社会组织参与县域群众体育治理，实现组织能力的提升提供了宏观的制度环境。

作为国家治理体系和治理能力现代化建设的重要组成部分，推进体育治理体系和治理能力现代化是全面深化体育改革、实现建设体育强国目标的

[1] 敬乂嘉. 控制与赋权：中国政府的社会组织发展策略[J]. 学海，2016（6）：22-33.

必然之路[1]。基于全面深化改革的总体部署，党的十八大以来，我国开始不断强调体育社会组织在体育治理体制改革中的重要作用，进一步明确了体育社会组织在我国群众体育治理中的主体地位。

（二）公民参与成为体育治理中不可或缺的环节

公民参与权是法律赋予公民的基本权利，也是公民参与社会公共事务治理的前提，但是受长期以来形成的政府全能主义的影响，在我国，人们对公民参与的理解曾一度停留在政治选举的层面，公民在公共管理领域尤其是政府治理方面长期处于“零参与”的状态[2]。进入21世纪以来，一方面，我国逐渐呈现出人民群众日益增长的公共服务需求与公共服务供给不足、发展失衡的矛盾；另一方面，利益关系的多元化和分配方式上的差异化极大地激发了公民的参与热情，公民希望通过参与公共事务来表达自己的意愿，化解利益关系上的矛盾和冲突[3]，在这样的现实背景下，政府的施政观念开始发生转变，在社会公共事务的管理上尊重公民意愿表达和决策参与的权利开始成为影响政府改革的重要因素。公民参与的范围也由公民获得公共事务基本信息、对公共事务发表意见的基本权利扩大到公民在整个公共事务治理过程的参与，如与政府合作提供公共服务等，公民参与开始囊括公民试图影响公共政策和公共生活的一切活动[4]。

党的十八大以来，为了鼓励地方政府积极促进公民参与，中国地方政府创新奖把公民参与作为评价创新项目的六个指标之一，认为创新项目应该有助于提高公民的政治参与、增加政治透明度，使公民对地方事务拥有更大的发言权[5]。我国各地政府也开始为建立公民参与的制度和机制进行积极的探索，为公民参与创造了各种条件。

---

[1] 杨桦. 中国体育治理体系和治理能力现代化的概念体系[J]. 北京体育大学学报，2015，38（8）：1-6.

[2] 陈芳，陈振明. 当代中国地方治理中的公民参与：历程、现状与前景[J]. 东南学术，2008（4）：111-119.

[3] 张杰. 我国公共服务创新中公民参与的价值及路径研究[D]. 长春：吉林大学，2009.

[4] 贾西津. 中国公民参与[M]. 北京：社会科学文献出版社，2008：2.

[5] 杨雪冬. 简论中国地方政府创新研究的十个问题[J]. 公共管理学院报，2008，5（1）：16-26.

公民的体育权益是体育治理的最终目的，而体育治理体系和治理能力现代化的实现也要依靠公民，因此从群众体育管理向群众体育治理转变的目标要求之一就是打破政府自上而下的单一群众体育管理模式，建立自上而下与自下而上相结合的群众体育治理模式。2016年5月，国家体育总局发布的《体育发展“十三五”规划》强调，要以保障人民群众的体育权益为着眼点，充分调动人民参与体育的积极性、主动性、创造性，进一步激发和调动各方活力，不断满足人民群众日益增长的多元化体育需求，做到体育发展为了人民，体育发展依靠人民，体育发展成果由人民共享。作为国家治理体系的重要组成部分，体育治理体系和治理能力现代化建设也要充分重视公民的主体地位，体育治理的权力下放，回归民众，吸纳民众参与体育治理，成为体育治理不可或缺的环节[1]。

（三）企业参与是我国创新公共体育服务供给方式的重要途径

面对人民群众日益增长的公共服务需求，主要依靠政府财政和管理资源投入为主的公共服务供给模式已经明显力不从心，引入企业参与公共服务的供给已经是大势所趋。党的十八大以来，我国越来越注重公共服务供给模式上的创新，试图打破政府在公共服务领域的垄断地位，从宏观政策的层面构建了政府、企业、社会合作供给公共服务的新模式，党和国家的重要纲领文件和政策作为创新政府公共服务的制度安排，明确了企业可以以资本投入、公益参与等方式参与公共事务治理、与政府合作提供公共服务。

事实上，早在2002年，中共中央国务院发布的《关于进一步加强和改进新时期体育工作的意见》（中发〔2002〕8号）中就提出：“构建群众性体育服务体系，要坚持政府支持与社会兴办相结合。”随着全面深化体育体制改革不断推进，企业在体育治理体系和治理能力现代化建设中的主体地位也逐渐得到明确，引入企业参与公共体育服务供给方式的创新已经成为大势所趋。

---

[1] 杨桦. 深化体育改革推进体育治理体系和治理能力现代化[J]. 北京体育大学学报，2015，38（1）：1-7.

二、社会力量的自我成长

（一）体育社会组织在县域群众体育治理中的主体地位逐渐凸显

国家宏观政策的调整为县域群众体育治理中新型政社合作关系的建立奠定了良好的基础，但与此同时，县域体育社会组织也并非只是被动地接受国家的制度安排，面对日益宽松的制度环境，近年来，大量的县域体育社会组织不但主动在民政部门登记注册，实现了自身的合法性，还纷纷在参与县域群众体育治理的过程中主动作为，自下而上地推动与政府的合作，提升了政府和社会对县域体育社会组织的认知。

根据对《2016年中国民政统计年鉴》公布的有关数据进行分析，截至2016年底，以体育社团总数排名全国前五的省份的体育社团层级分布情况为例（图2-1），目前江苏、广东、浙江、四川、山东五个省份，体育社团在省、地市、县区三级的分布呈明显的金字塔结构。塔基越大则说明体育社团在县区等基层行政区域的分布越广。

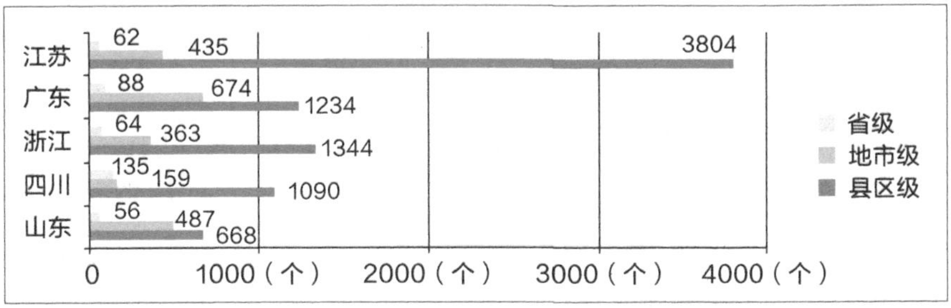

图2-1　江苏、广东、浙江、四川、山东五省体育社团层级分布图

以体育类社会服务机构（体育民办非企业单位）排名全国前五的省份的体育服务机构的层级分布情况为例（图2-2），目前县区级体育社会服务机构在江苏省的数量已远超省级和地市级，在山东、广东、河南这三个省的数量和地市级基本相当，体育社会服务机构在县区级的分布相对较广。由于体育基金会在我国整体发展较慢，总体数量较少，目前全国还没有一家县级的体育基金会。

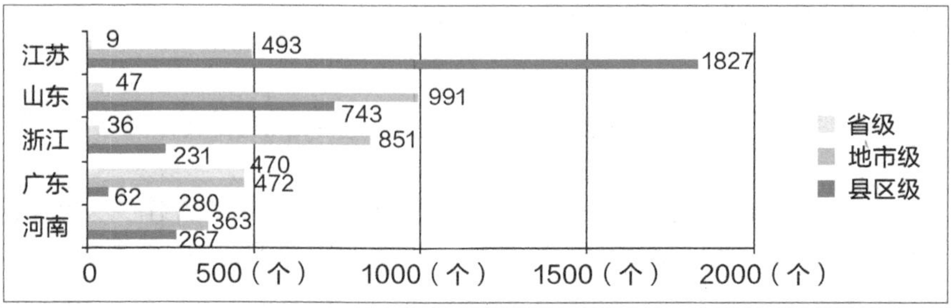

图2-2　江苏、山东、浙江、广东、河南五省体育社会服务机构层级分布图

相对国家级和省市级的体育社会组织而言，活跃在广大县域的体育社会组织，由于不需要承担竞技体育的政绩任务，反而比较贴近广大人民群众。面对人民群众日益增长的体育需求，县级体育社会组织表现出了较为强烈的供给意愿，纷纷通过举办赛事、开展培训活动等方式主动作为，得到了广大人民群众的支持和认可。有学者认为，我国体育社会组织的政社分离在基层拉开了序幕[1]。2015年，在国家体育总局开展的支持体育社会组织服务全民健身试点工作中，部分参与试点工作的县级体育行政部门通过政府购买公共体育服务的方式将一些群众性的体育活动和赛事交给体育社会组织承办，取得了良好的效果。

不可忽视的是，随着国家开始鼓励和支持地方政府对社会组织的管理开展先行先试的改革和探索，我国部分省份，如广东省、江苏省等开始对达不到注册条件要求的基层体育社会组织实行“备案制”，赋予了这一类体育社会组织以行政合法性。这一类体育组织大多数属于自下而上兴起的互益型体育社会组织，虽然暂时未能取得正式的法律身份，但是“备案制”的推行有利于基层体育社会组织的良性发展，极大地激发了各类基层体育社会组织提供体育服务、参与县域群众体育治理的热情。

[1]　黄亚玲. 我国体育社团的发展现状、问题与趋势[C]//刘国永，裴立新. 中国体育社会组织发展报告（2016）. 北京：社会科学文献出版社，2016：87.

（二）公民参与县域群众体育治理的能力不断提高

公民对县域群众体育治理的制度化参与是县域群众体育治理体制改革的关键点，而能够参与县域群众体育治理的公民是具有参与意识、能有效表达群众体育需求并能对政府的决策提出合理建议的群体。公民权利的回归、公民参与意识的提升及科学技术的快速发展为公民参与县域群众体育治理提供了现实可能性。

首先，体育权利意识的觉醒促进了县域公民参与能力的提高。体育权利是公民权利的一部分，是指由法律确认的人在接受体育教育和从事体育运动过程中所应享有的自由和利益[1]。在计划经济时代，我国县域群众体育主要通过人民公社、单位和街道居委会的高度集中管理来实现，在政府的"包办"下，公民的体育权利并没有受到充分重视。随着市场经济体制的建立和社会的转型，农村的人民公社不复存在，城镇的企事业单位的职能也出现了分化，人民公社和企事业单位不再是个人体育权利的唯一载体，人们开始对自身的体育权利有了一定的认识，公民体育权利意识逐渐觉醒。与此同时，为了充分保障公民的体育权利，我国先后颁布了《中华人民共和国体育法》《全民健身条例》《全民健身计划纲要》等法律法规，明确规定县级以上人民政府应对公民的体育权利给予保障。体育法制的不断健全使县域公民的体育权利意识得到了一定程度的增强，开始有意识地维护自己的体育权益。

其次，知识水平的进步推动了公民参与能力的提高。受教育程度较高的公民具备丰富的知识储备、合理的知识结构、较强的信息获取能力及行动能力，从而指导自身参与社会公共事务[2]。从我国历次人口普查的数据来看，县域公民文盲比例持续降低，平均受教育年限呈逐年上升的趋势，整体受教育程度的提升非常明显。知识水平的进步不但能为县域公民参与体育治理提供智力支持，还能提高县域群众对体育功能的认识，从而对群众体育公共事务给予更多的关注；知识水平的提升有助于提高县域公民的

[1] 张振龙，于善旭，郭锐. 体育权利的基本问题[J]. 体育学刊，2008，15（2）：20-23.
[2] 李欣. 中国公民权利成长的多重逻辑：以网络问政为例[J]. 湖北社会科学，2015（5）：34-42.

体育权利意识，增强其参与群众体育治理的积极性，培养县域公民正确表达体育诉求的能力；知识水平的进步有助于县域公民主体意识的觉醒，充分认识到在公民群众体育治理中的责任和义务，从而主动地参与群众体育治理。

最后，科学技术的发展搭建了公民参与的平台。公民有效参与县域群众体育治理的前提条件是具备信息沟通和交流的平台，而科学技术的飞速发展为这一平台的搭建提供了现实可能性。根据中国互联网络信息中心（CNNIC）发布的第38次《中国互联网络发展状况统计报告》显示，截至2016年6月，中国网民规模达7.10亿，互联网普及率达到51.7%，手机网民规模达6.56亿，网民中使用手机上网的人群占比达到92.5%，仅通过手机上网的网民占比达到24.5%，农村互联网普及率也达到31.7%。科学技术的发展缩短了政府和公民的信息沟通距离，有利于政府更迅速、更全面地发布群众体育的相关信息，从而促进了公民对群众体育政策知情权的发展；科学技术的发展有利于提升公民参与群众体育的话语权，微信、微博、QQ等的发展有利于公民快速表达对群众体育的利益诉求，从而使政府及时掌握群众体育工作的反馈信息。

（三）企业参与县域公共体育服务供给的动力不断提升

第一，县域居民消费水平的提升为企业以公私合作的形式参与县域公共体育服务供给提供了动力。根据中国社会科学院财经战略研究院对400个样本县经济发展研究的数据显示，2014年，400个样本县社会消费品零售总额平均增长13.1%，居民消费占GDP的比重得到了进一步的提高[1]。随着消费水平的不断提升，越来越多的县域群众选择将体育参与作为一种生活方式，县域体育产业正在成为全社会消费和投资热点，县域体育市场日渐活跃。与此同时，为解决政府在群众体育资金和管理投入方面的困境，我国部分县域纷纷出台优惠政策，吸引各类体育企业以“公私合作”的模式参与县域群众公共体育场馆设施的建设和运营，如浙江省宁海县打造的全国

[1] 吕凤勇，邹琳华. 中国县域经济发展报告（2015）[M]. 北京：社会科学文献出版社，2015：45.

首个县级休闲公共自行车系统，所投入的5000万元资金全部都来源于社会资本，凸显了企业在县域公共体育服务中的重要作用。

第二，县域企业的不断发展壮大为企业以公益形式参与县域公共体育服务的供给提供了动力。中国社会科学院财经战略研究院提供的数据显示，随着县域居民人均可支配收入和消费水平的提高，当前有越来越多的民营资本热衷于在县域投资，使县域企业数量保持持续上升的趋势。2014年，400个样本县社会固定资产投资平均增长16.5%，投资增速不断提高，部分经济发展速度较快的县域还拥有多家上市企业。在全民健身上升为国家战略和健康中国的背景下，经济实力不断壮大的县域企业也有更强的意愿为县域群众体育发展贡献自己的力量。企业越来越热衷于通过捐赠县域公共体育场馆设施、赞助群众体育赛事等方式回报县域居民，提升企业在县域的声誉，增强企业的社会影响力。

第四节　社会力量参与县域群众体育治理的理论分析框架

以上论述虽然对县域群众体育治理转型的方向和目标进行了论述，然而我们也必须认识到，“治理”虽然是一个耳熟能详的学术名词，但是在具体的应用方面，治理理论仍旧存在“国家中心主义”和“社会中心主义”等不同理论范式，对于政府和社会力量的角色定位和相互之间的关系也并不存在固定的安排。在县域群众体育治理转型的过程中，面对有限的权利和资源，体育行政部门和社会力量之间应该形成何种合作关系，各自履行哪些职能才能实现县域群众体育善治的目标？我们必须重新审视并构建符合我国县域群众体育改革和发展实际的理论分析框架，以引导全面深化体育改革时期的县域群众体育治理转型。

一、合作治理：政府与社会力量的理想关系模式

（一）政府与社会力量的两种传统关系模式

在当前我国县域群众体育的发展面临诸多困难和矛盾的形势下，实现县域群众体育治理的转型已经是大势所趋，但是在多元主体参与的县域群众治理体系中，政府和社会力量之间的关系是无法回避的话题。在过去的研究中，政府、市场和社会常常被定位为三角形的三个顶点，因为位置的不同，三者之间在治理体系中的关系也呈现出不同的内涵[1]（图2-3）。

图2-3 政府和社会力量之间的两种传统关系模式

图2-3（1）体现的是被称为“旧治理”的“国家中心主义”的模式，在国家中心论者看来，治理和统治不同，统治所依赖的是自上而下的政府机构及其权力，而治理则是需要政府通过伙伴关系，将社会中的其他主体吸纳到公共事务的管理中来，这种关系模式虽然也强调多元主体的参与，但是仍然强调政府的权力对合作伙伴的主导与规制作用[2]，社会力量则更多地扮演辅助政府提供公共服务的角色。出于对成熟的多元主体是否存在的怀疑，“国家中心主义”主张在我国现有的治理环境下，政府仍旧要在社会公共事务的治理中占据中心地位，为了提高公共服务供给的效率，政府可以通过制度条件的改善和资源的提供将社会力量吸纳到社会公共事务的

[1] 李慧凤. 社区治理与社会管理体制创新[D]. 杭州：浙江大学，2011.
[2] 田凯，黄金. 国外治理理论研究：进程与争鸣[J]. 政治学研究，2015（6）：47-58.

治理体系中，以弥补自身治理能力的不足。在这种“国家中心主义”的逻辑下，过去我国体育界历经了数次由政府自上而下推动的改革，虽然取得了一些进展和突破，但是由于历次改革的动力都是来自行政体制的权威，在缺乏治权分享的情况下，这种自上而下的“外源性”动力使社会力量难以真正嵌入体育治理的网络，不能有效发挥在重要体育资源的配置、体育秩序调适中的作用，最终导致改革的不彻底和不完善[1]。

图2-3（2）体现的是被称为“新治理”的“社会中心主义”的模式，在这种关系模式中，社会力量在社会公共事务的治理中占据中心地位，而政府的职能则相应地从社会公共事务的领域中退出，只发挥在行政管理上基础的“兜底”功能，这种模式带有明显的“去国家化”特点，也被称为“小政府”的模式。受新自由主义的影响，20世纪后期，西方主要资本主义国家相继进行了“去国家化”的改革，体现了国家向市场和公民社会全面放权的潮流[2]。在体育体制改革的研究领域，持“社会中心主义”观点的学者对我国体育领域长期存在的“大政府”模式进行了激烈的批判，主张形成“小政府、大社会”的治理模式，将体育公共事务治理的任务交给市场和社会，力图实现体育领域的社会自治。

无论是“国家中心主义”还是“社会中心主义”都将治理体系中的政府和社会力量看作是一种零和博弈的关系，这两种治理模式都具有“中心-边缘化”的特征，并且都在实践的验证中受到了批评和质疑，难以适应我国县域群众体育治理转型的需要。

第一，“社会中心主义”不符合我国县域群众体育治理转型的需要，政府仍然需要在县域群众体育治理转型中承担起主导作用。“没有一个强有力的政府，公民就不能享有任何的权利。”[3]在我国的科层体制和县域复杂的治理环境中，县级体育行政部门在国家体育政策执行、县域群众体育权利保障中的作用暂时还没有其他的主体可以替代。当前我国县级体育行政

[1] 刘亮. 全面深化改革背景下我国体育改革的逻辑、目标、动力及路径[J]. 体育科学，2015，35（10）：10-16.

[2] 郁建兴. 治理与国家建构的张力[J]. 马克思主义与现实，2008（1）：86-93.

[3] 同[2].

部门在人员、编制缩减的同时，其职能也在不断弱化，在社会力量发育还不成熟、无力承担县域群众体育发展重任的情况下，呈现出“全而弱”的状态。县级体育行政部门职能的弱化不但会导致国家关于群众体育的相关政策无法在县域得到有效的实施，也会导致相关资源得不到有效的整合，最终使政府无法对县域群众的体育需求做出及时、有效的回应，县级体育行政部门的作用发挥不理想，无论是市场还是社会其实都无法实现良好的运作，在旧的问题还没解决之前，又导致了新问题的产生。尽管地方行政机构改革是一种必然的趋势，但是其方向不是简单的合并与撤销，而应当更关注其职能的转变与效能的提高。因此，县域群众体育治理转型不能一味地强调“小政府、大社会”的模式，相反，在市场和社会的发育都不够成熟的县域，反而要特别强调县级体育行政部门具备一种强有力的、能有效整合社会力量的资源、面向群众公共体育利益的合作治理能力。

第二，强调政府的主导作用并不意味着政府应当在治理体系中保持绝对的权威。我国历次体育体制改革的实践证明，在县域群众体育治理转型的过程中，如果继续保持政府在县域群众体育治理中的中心地位，仅仅突出社会力量辅助公共体育服务的功能，却不重视社会力量在县域群众体育重要资源的配置、治理秩序的调整中的作用，不但将导致社会力量难以嵌入正式的治理网络中，呈现出“主体性”的缺位，也容易导致社会力量长期围绕政府的行政诉求而非县域群众的实际体育需求而运作，形成“工具化”的发展倾向、对政府的依附及“公共性”的缺位，难以承担起县域群众体育治理的重任。针对当前我国县域群众体育发展中的现实困境，如果不对现有的治理结构进行彻底的改革和优化，将导致很多长期以来积累的问题难以得到真正的解决。

（二）县域群众体育的合作治理模式

1. 县域群众体育合作治理模式的提出

事实上，在县级体育行政部门的“全而弱”和社会力量的“小而弱”的双重困境下，为了更好地满足县域群众日益增长的多元化体育需求，讨论政府和社会力量如何在县域群众体育治理转型过程中建立起对公共体育利益的共识，比讨论二者之间谁更适合作为县域群众体育治理体系的“中心”更为务实。在县域群众体育治理转型的过程中，政府、市场和社会将承担不同的角色，随着县域群众体育治理转型的不断深入，它们之间的关系也并非是一成不变的。因此，为了充分满足县域群众的多元化体育需求，我们可以采取辩证思维来构建县域群众体育治理体系中政府和社会力量之间的关系。当前我国县域群众体育治理转型的现实语境，既不适合倡导绝对的自由主义，又不适合倡导形式上的民主，只有“去中心化”的合作治理模式才是县域群众体育治理转型的最终归宿。我们不但要通过社会力量的参与提升县级体育行政部门的治理能力，完善其在县域群众体育治理中的基本职能，而且要加强对社会力量的培育和扶持，促进社会力量的成长和发育，提升社会力量在县域群众体育治理中的主体地位。总之，只要能够有效地提高县域群众体育治理的绩效，政府和社会力量都可以担任治理体系中的“领导者”，承认政府的主导地位，并不等同于以政府为中心，承认社会力量的主体地位，也不等同于以社会力量为中心。

作为对“国家中心主义”和“社会中心主义”两种传统治理模式的突破，合作治理模式主张打破政府和社会力量之间的隔阂，在合作治理中，由多元主体构成的社会治理体系不再是边界清晰的相对封闭的体系，而是一个具有开放性的动态系统[1]，对于关系到公共利益的每一项公共事务，参与治理过程中的每一个主体都能平等发挥作用、发表意见，并积极地采取合作行动，将一切对治理有益的因素都吸纳到治理活动中[2]；合作治理中的每一个主体都能通过贡献其所有而获得自己所需，以此来建立一种互惠互利的关系[3]。合作治理既是一种治理工具的革新，也是治理结构的演进，代表着一种公共事务治理范式的现代转向，意味着多元主体对治理权力的共享成为一种被广为接受的价值共识[4]。合作治理模式为我们理解县域群众

[1] 张康之. 合作的社会及其治理[M]. 上海：上海人民出版社，2014：156.

[2] 张康之. 合作治理是社会治理变革的归宿[J]. 社会科学研究，2012（3）：35-42.

[3] WOOD D J, GRAY B. Toward a comprehensive theory of collaboration[J]. The journal of applied behavioral science, 1991, 27（2）: 139-162.

[4] 沈亚平，汪圣. 正当性“互益”：合作治理中的政社关系探析[J]. 理论学刊，2017（11）：126-132.

体育治理体系中政府和社会力量的关系提供了一种新的叙事场景，在县域群众体育合作治理模式中，政府和社会力量之间并不一定是此消彼长的关系，而是可以就如何充分满足县域群众的多元化体育需求达成合作治理的共识，通过权力和资源的分享，实现双向增能的目的。

在县域群众体育合作治理模式中，在县域群众治理体系中处于弱势地位的县级体育行政部门应当充分发挥在县域群众体育治理中的主导作用，通过建立与社会力量之间的合作关系来整合社会力量的资源，提高公共体育服务的供给能力和群众对政府的认同感和在群众体育中的获得感，从而增强自身的治理能力；而社会力量则可以借助政府政策、资源及合法性的支持，获得自身的成长和发育。体育社会组织得以发展合法性、专业服务能力、独立性、自主性、公共性等组织能力；公民得以发挥在公共体育事务中的创造力和影响力，从而习得公民精神；企业得以在提高经济效益的同时提高社会效益。实践证明，“全而弱”的政府和“小而弱”的社会力量都无法实现提高县域群众体育治理绩效的目的，只有政府和社会力量之间通过合作治理实现双向增能，才能真正突破以往群众体育体制改革的藩篱，最终实现县域群众体育的善治。

2. 县域群众体育合作治理模式的内涵

从上文对合作治理的阐述来看，治理以“合作”为内核，而合作治理在关键内涵上又等同于治理[1]，要成功地实现县域群众体育管理到县域群众体育治理的转型，政府和社会力量通过合作治理来实现双向增能无疑是最理想的模式。在治理理论的指导下理解政府和社会力量之间的合作治理关系，应当从以下几个方面入手。

（1）以主体间的平等合作为前提。尽管合作治理也承认政府在治理体系中的主导作用，但是这种主导是以主体间的非依附关系为基础的，政府和社会力量之间虽然也存在资源的相互依赖，但是主体间将始终保持平等的关系，只是各自履行的职能和扮演的角色不同。而主体间的这种非依附

[1] 姜庆志. 面向新型城镇化的县域合作治理绩效影响机制研究：基于山东、安徽、内蒙古三省（区）的调查与分析[D]. 武汉：华中师范大学，2015.

关系，有赖于主体参与能力的提高，若合作主体缺乏足够的参与治理的经验与知识，会导致主体合作的意愿不强烈，即使参与进来，也会在治理体系中处于弱势地位，反而容易被强势的一方所控制[1]，从而导致合作的形式化或者资源的浪费，阻碍县域群众体育治理转型的顺利进行。

（2）以资源的互补和分享为依托。对于资源相对匮乏的体育行政部门和发育不够成熟的社会力量而言，资源的互补和分享是主体间合作形成的重要动机，也是实现主体间双向增能的重要途径。政府和社会力量通过资源的整合，能将主体间的利益更加紧密地捆绑在一起并最终促进治理绩效的提升[2]，而这种资源的分享，既包括运作性的资源，也包括治理性的资源。运作性的资源是指组织自有的能完全交换的资源，如政府拥有的财政资金、公共体育场馆设施，或者体育社会组织拥有的专业服务能力、企业拥有的资金和专业管理能力。治理性资源是指在与环境互动过程中所获得的一种交互性的状态或能力[3]，只能部分地为组织所拥有或交换，如政府拥有的公共权力、体育社会组织拥有的社会权力等。

（3）以相互的信任为基础。在合作治理中，治理主体应通过不断发展的信任网络，达成集体行动和解决争议[4]。由于合作治理以主体间的平等关系为基础，在排除了政府行政命令的前提下，只有主体间形成一定的共识和信任，才能保证各种治理决策的顺利执行，避免“集体行动的困境”，才能促使政府和社会力量之间更加深度地利用对方的资源，从而实现双向增能的目标。然而主体间的信任并不是轻易可以达成的，只有多元主体在制度化的条件下开展互动合作，才能减少合作的不确定性，为主体间的合作带来良好的预期。

（4）以公共体育利益的实现为目标。合作治理不仅要增强政府和体育社会组织、企业和公民的能力，平衡不同主体的利益，还在于通过主体间

[1] ANSELL C， GASH A. Collaborative governance in theory and practice[J]. Journal of public administration research and theory， 2007， 18（4）： 543-571.

[2] 巴达赫. 跨部门合作：管理“巧匠”的理论与实践[M]. 周志忍，张弦，译. 北京：北京大学出版社，2011：14-17.

[3] 敬乂嘉. 从购买服务到合作治理：政社合作的形态与发展[J]. 中国行政管理，2014（7）：54-59.

[4] 郁建兴，张莉萍. 地方治理体系中的协同机制及其整合[J]. 思想战线，2013（6）：95-100.

的互动与合作提高县域群众体育治理的绩效，进而实现县域群众的公共体育利益。实现多元主体对公共体育利益这一目标的认同，必须以多元主体拥有一定的公共性为基础，只有多元主体拥有一定的“公共性”，才能促使多元主体从狭隘的自我利益中走出来，是形塑现代国家与民众间良性相倚、互为监督新格局的重要条件[1]。

二、合作治理中政府和社会力量的职能定位

（一）政府的职能定位

在县域群众体育治理体系中，政府仍然要在县域群众体育治理中担任元治理即主导者的角色[2]。面对一个多元主体并存的治理体系，政府的主导并不意味着政府的包办，也不意味着从县域群众体育治理中退出，而是要学会尽可能地向社会力量放权的同时，又能在权力、资源匮乏的困境下强化自己在群众体育治理中的基本职能，提高群众体育工作在县域各项社会公共事务的地位，提高人民群众对群众体育工作的认同感和获得感，真正形成 “小而强” 的政府。在县域群众体育治理体系中，县级体育行政部门不仅是公共体育服务的供给者，还应当是县域群众体育治理转型的推动者和社会力量的合作伙伴。

1. 制定合作规则

在合作治理中，只有形成明确的责任划分、职能定位及多元主体都能自觉遵循的机制，才能消除合作治理中产生的矛盾和冲突[3]。在县域群众体育合作治理中，政府应主动为社会力量参与县域群众体育治理提供制度化的渠道和平台，确保和社会力量之间合作关系的规范化、制度化和程序化，确保社会力量拥有平等参与县域群众体育治理的机会，协调社会力量在参

[1] 李友梅，肖瑛，黄晓春. 当代中国社会建设的公共性困境及其超越[J]. 中国社会科学，2012（4）：125-139.

[2] 郁建兴. 治理与国家建构的张力[J]. 马克思主义与现实，2008（1）：86-93.

[3] 姜庆志. 面向新型城镇化的县域合作治理绩效影响机制研究：基于山东、安徽、内蒙古三省（区）的调查与分析[D]. 武汉：华中师范大学，2015.

与县域群众体育治理的过程中产生的利益冲突。这也是政府和社会力量之间能否形成互相信任的关系、共同提高合作治理绩效的关键。

2. 维护公共体育利益

作为理性经济人，在利益格局复杂化的情况下，社会力量在参与县域群众体育治理的过程中，其选择的行动策略将难以避免地体现出实现自身利益最大化的倾向，或是在集体行动中选择“搭便车”，形成集体行动的困境，造成公共体育资源的损失和浪费。因此，政府一方面要尊重社会力量自身的合理利益追求，另一方面也要推动多元主体形成维护县域群众公共体育利益的共同目标，对社会力量损害公共体育利益的行为予以监督和纠正，避免产生被强势集团“利益俘获”的现象。针对县域群众统筹城乡的特征，政府还应当引导社会力量在公共体育服务供给上的城乡均衡，注重维护农村群众等弱势群体的体育利益，确保不同类别的城乡居民都能享受到群众体育改革和发展的成果。

3. 整合合作资源

资源整合是多元主体互动的重要内容，是在县域群众体育合作治理中实现政府和社会力量双向增能的重要途径。事实上，实现资源的有效整合是走向合作治理的关键一步，如果作为主导者的政府不能拥有良好的整合资源的能力，将导致社会力量的参与走向碎片化的状态。县级体育行政部门应该向上级政府和同级部门争取更多的资金、场地、器材等资源支持，公平公正地对社会力量分享这些资源，保证资源使用的公平和效率；在分享运作性资源的同时，对社会力量进行治权的分享，保证社会力量在治理过程中的话语权；引导社会力量投入更多的资源参与县域公共体育服务的供给，为社会力量资源的有效整合扫清障碍。

（二）体育社会组织的职能定位

现代政治学认为，一个成熟的社会，是政府、企业和社会组织三种力量基本均衡的社会，它们构成了现代社会的三大组织支柱，是保持社会稳定的“铁三角”[1]。公共事务治理复杂和多样化的趋势要求多元主体的共同参与。在这些主体中，社会组织生长于一定的公共领域，具备公益性、民间性和非营利性等特征，使其不但能够摆脱私人部门为追求利益而导致的垄断和公平性缺失等“市场失灵”现象，也能克服政府部门的信息不充分、官僚与寻租行为、效率低下等“政府失灵”现象。因此，在社会公共事务的治理中，社会组织具备政府和企业都不具备的优势。在县域群众体育治理转型的过程中，体育社会组织扮演着非常重要的角色，不但能动员和整合社会资源、提供社会服务及一定的公共服务，而且应当在建构社会资本、推进公民参与、表达公民体育诉求并倡导公共体育政策等方面发挥重要的作用[2]。

1. 提供体育服务

体育社会组织是基于人们的体育需求而产生的，因此为群众提供多元化的体育服务是体育社会组织最基本的功能。在我国广大的县域，体育社会组织提供多元化体育服务这一职能显得尤为重要。过去，在政府单一主导的群众体育管理体制下，政府主要采用行政命令的方式动员城乡群众参与政府组织的各项体育活动，随着改革开放后我国社会的转型，以单位和人民公社为平台的“仪式化”的群众体育失去了组织基础[3]。面对城乡群众不同类型的体育需求，县级体育行政部门呈现出明显的公共体育服务供给不足和不平衡的“政府失灵”现象，县域群众特别是农民精神文化生活严重匮乏，群众体育赛事活动无人组织，群众体育健身活动无人指导，而在这种情况下，体育社会组织可以作为“政府之外的公共物品的提供者”而出现，通过举办小型多样的群众体育赛事活动、培训等弥补政府产出的不足[4]。

[1] 裴立新. 体育社会组织现状、问题与政策建议[M]//刘国永，裴立新. 中国体育社会组织发展报告（2016）. 北京：社会科学文献出版社，2016：2.
[2] 王名. 社会组织论纲[M]. 北京：社会科学文献出版社，2013：99.
[3] 仇军. 群众体育的困境与出路[J]. 体育科学，2016，36（7）：3-9.
[4] 王名，刘培峰. 民间组织通论[M]. 北京：时事出版社，2005：30.

2. 承接政府职能

为群众提供公共服务是服务型政府的核心职能之一，然而这并不意味着政府应当同时具备公共服务的生产者和提供者的双重身份。部门的精简和职能的不断弱化，使得县级体育行政部门已经无法应付在公共体育服务供给上的压力。政府单一供给的模式不但影响了公共体育服务供给的效率，也影响了公共体育服务供给的效果，由政府包办的公共体育服务由于缺乏灵活性和针对性，往往得不到县域群众的认同，县级体育行政部门这种集公共体育服务的决策者、生产者、提供者及监督者的角色于一身的“全而弱”的状态亟须得到改变。在县级体育行政部门向“小而强”的服务型政府转变的过程中，体育社会组织因其公益性和志愿性的特征，成为政府职能转移的首要合作伙伴。

3. 倡导体育政策

社会组织具有影响立法和各级政府相关政策的公共政策倡导职能，在西方发达国家，社会组织不但能参与公共政策的制定，还能为弱势群体谋求利益，并且成为政府政策执行的监督者[1]。在政府单一主导的群众体育管理体制下，政府在制定县域公共体育政策时，存在着和社会之间的信息不对称问题，难以准确地捕捉到社会的需要。同时，作为公共体育政策制定者的政府官员也会追求自我利益的最大化。因此，由少数掌握权力的政府领导单独制定公共体育政策，难以考虑到大多数群众的体育利益和弱势群体的体育诉求，将不可避免地出现公共体育政策和群众的公共体育利益偏离的“政府失灵”现象，影响了公共体育政策的科学性和合法性。在这种情况下，体育社会组织作为最贴近县域群众的治理主体，积极地参与县域公共体育政策的倡导，能有效地表达县域群众的体育诉求，更好地维护县域群众的体育权利，减少政府公共体育政策的失误。

---

[1] 王名. 社会组织论纲[M]. 北京：社会科学文献出版社，2013：107.

（三）公民的职能定位

密尔[1]认为，政府应促进人们提升自身的美德和智慧，因此政府需要公民最大限度地参与。在公共行政领域，公民参与一直备受学者们的关注和推崇，公民参与的概念“是延续了将近三千年的有关广义民主研究的一部分”[2]。在传统的公共行政时代，公民作为被统治者没有能力和机会表达自己对公共服务的意愿，而代议制民主也仅仅给了公民参与选举的机会，20世纪七八十年代兴起的新公共管理运动则使得每个人都倾向于坐在“顾客”这把椅子上享受清闲而不愿意投身于辛苦的公共参与活动中。面对社会公共事务的日益复杂，政府对社会的管理变得越来越困难，作为对新公共管理理论的超越，治理理论主张以积极的公民参与取代消极的公民参与，使公民从“顾客”转变为政府在社会公共事务领域的合作伙伴，与政府在相互理解、相互包容的基础上就社会公共事务的相关问题达成共识，共同分享权利和资源。

随着县域群众体育公共事务的日趋复杂化和县域群众体育需求的日趋多样化，公民参与在县域群众体育治理中的重要性逐渐凸显，在县域群众体育治理中倡导公民参与是促进群众体育资源合理配置、减少政府群众体育资源投入的浪费、提高县域公共体育服务的满意度的有效途径。而县域群众体育治理主体和群众体育需求的多元化，决定了公民参与县域群众体育治理的职能也是多元化的，从公民主动反映体育诉求、参与公共体育政策的讨论到公民自愿提供公共体育服务，县域群众体育治理的多个环节都离不开公民的参与。

1. 反映体育诉求

准确地把握群众的体育需求是有效满足县域群众多元化体育需求的重要因素，因此诉求式参与是公民参与最基本也是最重要的环节。县域内各乡镇、行政村的经济发展水平、地域特征都存在着较大的差别，群众的体

[1] 密尔. 代议制政府[M]. 汪瑄，译. 北京：商务印书馆，1982：22.
[2] 王巍，牛美丽. 公民参与[M]. 北京：中国人民大学出版社，2009：143

育需求也不尽相同，如果公民体育利益表达不畅，而仅仅依靠少数政府工作人员的判断，容易导致群众体育资源配置的偏差。如目前在我国部分地区农民健身工程的实施过程就呈现出较为明显的“好马多吃草”的不平衡现象。农民健身工程项目大部分被经济条件和地理位置较好的村庄获得，而一些群众体育开展较好，但经济条件和地理位置较差的村庄却难以获得农民健身工程项目[1]。公民通过合理、合法的渠道准确地表达自我的体育需求，能促进群众体育资源的合理配置，减少资源配置不均衡的现象。

2. 参与决策制定

公民的智慧和创造力是无穷的，公民参与能真实地反映县域群众对体育赛事活动及场馆设施的多样化需求，有效提高公共决策的科学性和合理性，在县级体育行政部门的公共决策中引入公民参与势在必行。过去，在县域群众体育资源严重匮乏的情况下，政府作为县域公共体育服务供给的唯一责任主体，采取“自下而上”的方式进行群众体育领域的相关决策，县域群众对县域公共体育服务的供给缺乏参与权和决策权，导致我国县域公共体育服务供给，呈现出明显的“供非所需”现象，政府盲目追求群众体育赛事活动和公共体育场馆设施的大型化，导致群众体育赛事“遇冷”，公共体育场馆设施则因为选址过于偏僻、运营成本太高等问题而被迫闲置，造成了对有限的群众体育资源的浪费。公民积极参与县域群众体育公共政策的制定，能有效地纠正政府主观设计的失误，使公共政策的制定更加接近群众的需要，提高政府决策的质量。

3. 合作供给体育服务

越来越多的实践表明，在一些公共服务领域，公民的参与在某种程度上构成了有效公共服务的部分，没有公民的参与，这些公共服务的有效提供几乎是不可能的。政府的层级越低时，集体与公共物品的提供越发依靠地方力量、宗族血亲及传统习俗[2]，县域公共体育服务的提供在某种程度上就

[1]　郇昌店，肖伟，郭修金. 农民体育健身工程的运行逻辑、项目不足与完善思路[J]. 天津体育学院学报，2015，30（1）：23-28.

[2]　敬乂嘉. 合作治理：历史与现实的路径[J]. 南京社会科学，2015（5）：1-9.

呈现出这样的特点。县级体育行政部门物质性资源和人力资源的匮乏，是当前县域群众体育工作面临的一个现实问题，在缺乏公民合作参与的情况下，公共体育服务的供给容易体现为政府的“一厢情愿”，如当前我国农民健身工程建成后，由于后续管理维护缺乏而普遍出现的损毁严重、挪作他用、无法使用的现象就是县域群众体育工作必须正视的一大难题。在这种情况下，只有通过一定的制度安排，让公民和政府以一定的形式合作，充分发挥政府和公民在公共体育服务提供中的互补优势，才能保证公共体育服务的有效供给。

（四）企业的职能定位

企业拥有非常丰富的经济资源，这是企业与政府、体育社会组织等主体相比所具备的最大优势。然而，作为以营利为目的的经济组织，企业的本质就是追求利润的最大化。虽然市场机制一直被认为能有效地实现资源的合理配置，是社会进步和人类繁荣的基础，但由于受到强调国家干预的“凯恩斯主义”的影响，企业一度被排斥在社会公共事务治理主体之外。直到“公私合作”模式和企业社会责任理论的提出，企业在社会公共事务中的重要作用才得到新的阐释，这两种理论也为我国引入企业参与群众体育治理指明了方向和道路。随着县域经济的快速发展，人们对于公共体育服务的需求日益多元化，县级体育行政部门无论是在财力上还是管理能力上都无力实现公共体育服务的有效供给，政府垄断供给公共体育服务的弊端十分明显，容易呈现出官僚主义、低效率、寻租腐败等“政府失灵”现象，企业的资本和管理进入县域公共体育服务的供给领域已是必然的趋势。总之，群众体育是覆盖全体公民的体育形态，其运行既涉及政府责任、民生保障，又涉及社会组织、志愿服务，同时也与经济发展、公司运营、居民消费有直接的关联[1]。企业既能以“公私合作关系”的方式，又能以公益的方式为县域公共体育服务提供支持。

[1] 鲍明晓，邱雪，吴卅. 论市场在群众体育发展中的作用[J]. 北京体育大学学报，2014，37（10）：1-6.

1. 以“公私合作”的形式提供公共体育服务

政府在公共体育服务领域向企业适度分权，促进公共体育服务的市场化发展是通往县域群众体育善治的必由之路。公共私营合作制（public-private partnerships）是指政府部门和私人部门在公共服务领域通过共同生产、合同外包、特许经营等模式共同参与公共产品和服务的模式[1]。该模式作为企业参与社会公共事务治理的一种新的模式，适用于有合理回报和一定投资回收能力的公益性产品或公共基础设施项目[2]，其实践的前提是政府能降低公共服务的供给成本，社会公众能通过付费获得更好的公共服务，而企业则能获得一定的利润。政府单一主导的群众体育管理体制下由政府“统包统揽”的公共体育服务提供方式增加了政府的财政负担、导致了公共体育服务供给的低效率，而且单一的市场供给，又容易带来公益的缺失。在公私合作关系中，政府将和企业之间建立平等合作的契约关系，通过对各自优势的互补，政府公共体育服务的效率得以提高，企业保持适度的利润，而群众则通过低成本付费的方式享受到多元化的体育服务，最终在县域群众体育治理中实现“有为的政府和有效的市场”[3]，达到多方共赢的效果。

2. 以公益的形式提供公共体育服务

持“企业公民观”的学者认为，企业作为社会公民，其利润的增长来自社会，也应当履行相应的社会责任。企业的社会责任是指企业不能仅仅以最大限度地为股东们盈利作为自己唯一的存在目的，而应该最大限度地增进股东之外的其他所有社会利益[4]。随着我国市场经济的不断发展，企业对于社会责任的认识不断提高。过去，企业往往热衷于对抗洪救灾等提供道义性的慈善捐赠，随着企业社会责任的不断发展，企业社会责任的领域开始扩展到体育、文化等公共服务领域，以更好地塑造企业的品牌形象。

---

[1]　萨瓦斯. 民营化与公私部门的伙伴关系[M]. 周志忍，等译. 北京：中国人民大学出版社，2002：21.

[2]　刘向杰. 公私合作项目的政府行为研究[D]. 成都：西南交通大学，2011：18.

[3]　刘亮，王鹤，庞俊鹏，等. 全面深化改革背景下我国体育治理结构问题厘析与改革路径研究[J]. 天津体育学院学报，2015，30（4）：351-356.

[4]　刘俊海. 公司的社会责任[M]. 北京：法律出版社，1999：2.

在全民健身上升为国家战略和健康中国的背景下，企业选择为基层群众体育事业的发展提供支持，就是为人民群众的健康、为经济社会发展提供支持，是企业履行社会责任的重要方式。企业可以通过捐赠的方式为县域群众提供更为丰富的公共体育场馆设施和器材；以资金或者各种实物捐赠的方式为县域体育社会组织的发展提供充足的资金保障，从而促进体育社会组织更好地发挥作用，实现组织目标；以赞助的方式为政府主办的群众性体育赛事提供支持；以无偿或者低收费的方式开放企业的公共体育场馆设施，自发举办面向县域群众的公益性体育赛事和活动。

第三章

社会力量参与县域群众体育治理的个案简介

为了达到县域群众体育的善治，在县域群众体育治理中政府和社会力量的合作治理实现双向增能具备一定的理论基础和现实可能性。不管是基于县域群众体育工作现实困境的考量，还是考虑到合作治理所提倡的“民主性”和“公共性”，构建县域群众体育多元合作治理的模式、引入社会力量参与县域群众体育治理是县级体育行政部门必须履行的责任，也是破除我国群众体育发展的短板、满足县域群众多元化的体育需求、推动县域群众体育治理体系和治理能力现代化建设的良方。为了对社会力量参与县域群众体育治理的实践做进一步具体、深入的研究，本书将我国中部地区C县开展的群众体育体制改革作为实地调查的对象，通过个案管窥C县体育行政部门引入社会力量参与县域群众体育治理的绩效和困境，旨在回应和补充理论研究的不足。

第一节 C县社会经济及体育事业发展概况

一、C县社会经济发展概况

C县地处J省，土地总面积2206.27 km^2，人口21.5万（截至2017年），辖

16个乡（镇），124个行政村。辖区内既有小城镇，又有农村，是典型的农业县。C县林业资源和矿产较为丰富，是全国重点林业县，钨矿的储藏量位居全国各县之首，拥有一家钨企业上市公司，2016年，C县地区生产总值为64.9亿元，财政总收入为10.27亿元，城镇居民人均可支配收入为21227元，农村居民人均可支配收入为7633元。该县的经济和社会发展及人口总量在县一级行政区域中均属于中等水平，介于东部沿海地区和西部欠发达地区之间，具备我国一般县域的共性特征。

二、C县体育事业发展概况

受所在地级市整体机构改革进程的影响，C县体育局仍然为一个独立的行政机构，组织机构比较健全，设有局长1名，副局长2名，下设群体股、竞体股、少年体校等3个股室，在编工作人员7名。C县群众体育的发展具备良好的基础，拥有社会体育指导员336名，篮球、羽毛球、登山等项目的群众体育基础较好，城乡全民健身气氛较为活跃。从2002年开始，该县坚持每年举办一次“全民运动会”（自2015年开始更名为“全民健身大联赛”），举办过“四国青年篮球巅峰争霸赛”“全国登山健身大赛”等大型赛事，曾连续六年被评为“全国全民健身周活动先进单位”和“全国群众体育先进单位”。

第二节　C县引入社会力量参与群众体育治理的科层制逻辑

地方政府是破解旧体制弊端、孕育制度创新的重要力量[1]。从以往的研究来看，地方政府之所以能主动引入社会力量参与公共事务的治理，往往基于体制压力、合法性压力和政绩需求等科层制逻辑。近年来，C县之所以

---

[1]　周黎安.转型中的地方政府[M].上海：格致出版社，2008：2.

能主动引入社会力量参与群众体育治理，是因为这一过程不但能体现对中央政策的响应，还能提高群众体育的治理绩效，获得一定的政绩收益。

一、响应中央政策

中央政府是全面深化改革的倡导者和规划者，从宏观政策来看，鼓励社会力量参与社会公共事务的治理成为我国全面深化改革的重要内容。为了表达对中央政策的响应，地方政府往往会利用宏观政策的契机，开展各类改革创新活动，C县开展的群众体育体制改革正是在这样的背景下开展的。

2013年以来，为了表示对党的十八大、十八届三中全会精神的响应，C县成立了全面深化体制改革领导小组，“全面深化改革”“政府职能转变”“治理创新”“简政放权”等词语在C县党委、政府的重要政策文件和党政主要领导人的讲话中频繁地出现。2015年2月，在C县县委十六届五次全体（扩大）会议上，C县县委书记提出：“当前政府的职能界定不清，有的部门该管的没有管好，不该管的却抓着不放，管好‘政府的手’就是要着力转变政府职能，该放的权要放掉，该管的事情要管好，要让政府‘闲不住的手’变成服务创新、激发市场和社会活力的‘推手’，凡是市场和社会能干好的事情都要交给市场和社会去干。”2016年3月，在C县第十七届人民代表大会第六次会议上，C县县长在《政府工作报告》中提出：“要驱动深化改革引擎，简政放权添活力，加大政府购买公共服务力度，引导社会力量参与公共服务。”对中央政策的响应，促使C县在政府行政运行模式、放宽市场准入、扶持社会组织、提升公共服务水平等方面实施了一系列的改革。2016年4月，C县第十七届人民代表大会第七次会议上通过的《C县国民经济和社会发展第十三个五年规划纲要》明确将加快政府职能转变、推进行业协会与行政机关脱钩、建立完备的政府购买服务体系、鼓励非公有制企业进入社会公共事业等作为“十三五”期间重点推进的几项关键领域改革，基本确立了“十三五”期间县域治理转型的方向。

C县党委、政府对中央政策的响应为社会力量参与县域群众体育治理提供了空间，促使 C县体育行政部门在加快政府职能转变、引导社会力量参与县域群众体育治理等方面开展了一系列的改革和创新，如开展政府向体育社会组织购买公共体育服务的探索、加快公共体育服务领域的公私合作等，一定程度上激发了社会力量的活力，逐渐打破了政府对群众体育公共事务的垄断。

二、提高治理绩效

引入社会力量参与是在县域公共体育服务出现“政府失灵”困境下的新选择。当前，群众体育工作的开展不仅成为“全民健身国家战略”和“健康中国”建设的重要组成部分，也是人民群众美好生活需要的重要组成部分，能否更好地满足群众多元化的体育需求，逐渐成为检验地方政府群众体育治理绩效的核心内容。然而，受政府单一主导的群众体育管理体制的影响，C县的群众体育工作长期以来在封闭化的环境中运行，对社会力量的作用重视不够，导致群众体育工作产生了许多困难和问题，难以充分满足县域群众的多元化体育需求。

（一）公共体育场馆设施基础薄弱

由于县级财政长期吃紧，C县对体育事业的资金投入明显不足。C县体育事业年鉴的数据显示，2007—2014年C县的体育基础设施建设基本处于停滞状态。截至2013年12月31日，C县拥有体育场地面积161 508m^2，人均0.7m^2，远远低于全国人均体育场地面积，同时，所建的室外场地绝大部分是非标准场地，配套设施也严重滞后，不能满足群众对公共体育场馆设施的多元化需求。

（二）社会体育指导员资源相对匮乏

C县体育局的内部资料显示，截至2013年底，C县正式注册登记的社会体育指导员只有21名，县域平均每1万人才拥有1名社会体育指导员，远远不能适应县域群众对体育培训和指导的需求。

（三）群众体育赛事活动严重不足

2010年以来，C县除了恢复停办了51年的全县全民运动会（全民健身大联赛）以外，很少举办各类小型多样的群众性体育赛事和活动，全县全民运动会（全民健身大联赛）每两年举办一次，能参加赛事的群众数量有限，不能满足县域群众对体育赛事活动的需求。

C县群众具有参与全民健身活动的优良传统，但是当前群众体育工作遇到的诸多困难和问题已经严重影响了县域公共体育服务供给的质量，远远不能满足人民群众对公共体育服务的利益追求，基于这方面的压力，C县体育局开始以更加开放和包容的态度支持社会力量参与县域群众体育治理。

三、获得政绩收益

通过创建“全国全民健身公共体育服务体系示范县”等“树典型”活动获得政绩效益是促使C县引入社会力量参与县域群众体育治理的又一重要动力。“树典型”是县域治理中的一种重要的行动机制，在地方政府激烈的晋升竞争中，县域的核心行动者热衷于建立并创新各种“模式”或是“机制”，从而成为上级认可的典型，这一过程不但能提高行动者的知名度和社会声望，还可以增加其在晋升中胜出的机会[1]。创建“全国全民健身公共体育服务体系示范县”能够成为C县“典型化”运作中的一项重要内容，使C县体育局开展的改革创新工作得到县委、县政府的重视，得益于其抓住了国家某部委对口支援C县的良好契机。

根据国务院颁布的支持革命老区振兴发展的相关文件的规定，从2014年1月开始，由国家某部委对C县进行对口支援，为了充分体现对口支援的成效，国家某部委先后安排两名处级干部在C县挂职，并在《对口支援C县振兴发展工作实施方案（2014—2020年）》等一系列通知和文件中，明确提出：“支持C县创建全国全民健身公共体育服务体系示范县的同时，援

[1] 海贝勒，舒耕德，杨雪冬. 主动的地方政治：作为战略群体的县乡干部[M]. 北京：中央编译出版社，2011：282.

县促市，帮助C县所在的G市打造成为全国革命老区体育事业发展的先行区和示范区。”创建“全国全民健身公共体育服务体系示范县”的目标，对C县公共体育场馆设施建设、群众体育赛事活动开展等方面提出了更高和更具体的要求，政府单一主导的模式显然不能适应该目标实现的需要，因此更广泛地动员和利用社会力量的资源、发挥社会力量的特点和优势开展群众体育治理体制改革，成为C县实现该目标的重要路径。2014年，C县颁布了《C县创建全国全民健身公共体育服务体系示范县实施方案》，并成立了以县长为组长、体育局局长为副组长、各职能部门负责人和各乡镇党委书记为成员的“创建全国公共体育服务体系示范县领导小组”，对县域体育事业的发展进行了一系列的改革和制度创新。该实施方案提出：“要在C县形成‘政府主导、部门协同、全社会共同参与’的体育事业发展新格局，鼓励和引导社会各界参与C县体育事业的发展，让更多的社会力量投入到创建公共服务体系示范县的工作中，让全民分享体育事业发展带来的成果。”在以上政策的推动下，2017年，C县体育局制定的《C县体育事业发展“十三五”规划》《C县全民健身实施计划（2016—2020年》中，也明确提出：“要积极引导社会力量投入全民健身事业，率先建成全国全民健身公共体育服务示范县，打造体育名城。”

创建“全国全民健身公共服务体系示范县”等目标的提出，不但使C县体育局开展的改革创新在一定的阶段得到了县级党委、政府的关心和重视，在客观上也有利于打破政府对群众体育公共事务的垄断，促使体育行政部门主动开展和社会力量之间的合作，为县域群众体育合作治理的实现提供了现实可能性。

第四章

体育社会组织参与C县群众体育治理的实践

体育社会组织是县域群众体育合作治理的核心主体，本章将对体育社会组织参与C县群众体育治理的实践进行考察，试图通过分析政府和体育社会组织在县域群众体育治理中的合作来揭示以下几个问题：C县体育行政部门为引入体育社会组织参与治理实施了哪些策略性的行动？体育社会组织的参与是否能提高县域群众体育治理的绩效？县域群众体育治理体系中的政社合作关系还存在哪些局限性？

第一节　政府对体育社会组织的“行政吸纳”

与国家级、省级体育社会组织与政府“脱钩”难的现象相比，在人员编制不断缩减而公共体育服务的供给压力却持续增长的情况下，我国基层体育行政部门反而倾向于和体育社会组织形成一种“行政吸纳服务”[1]的新型政社合作关系形态，希望通过支持体育社会组织的发展来完成各项工作任务、提升公共体育服务的供给能力，“支持”开始取代“控制”成为基层体育行政部门发展体育社会组织的核心。在成为全国四省区开展体育社会组织服务全民健身试点单位，并确立了创建全国全民健身公共体育服务示

[1] 唐文玉. 行政吸纳服务：中国大陆国家与社会关系的一种新诠释[J]. 公共管理学报，2010，7（1）：13-19.

范县的目标以后，为了更好地完成各项职能和任务，C县体育局通过让渡部分的资源和权力的方式对体育社会组织开展“行政吸纳”，客观上促进了体育社会组织的合法性、内部治理能力及专业服务能力的提升。

一、合法性支持

不同于国家级、省级等官办体育社会组织和体育行政部门之间紧密的依附关系，在引入体育社会组织开展合作治理以前，除了少数有合法性身份的体育社会组织以外，C县辖区内大部分的体育社会组织都以“草根”形式存在，组织规范性不强，与政府之间缺乏合作互动，不利于政社合作关系的形成。为了将部分具有一定社会影响力的草根体育社会组织纳入政府管理的范围，实现《C县体育事业发展“十三五”规划》提出“到2020年，县级体育社团要达到30个以上，体育社会服务机构达到15个以上”的目标，C县体育局的相关领导主动和辖区内的部分“草根”体育社会组织的骨干人员进行接洽，希望这些体育社会组织能走上正规化的发展渠道，体育局将为组织的注册登记及今后的发展提供政策和资源上的支持，而他们则需要配合政府相关工作的开展。在访谈中，C县篮球协会的XY副会长表示：

篮球协会是C县影响力最大、会员人数最多的协会之一，成立多年但一直没登记注册，协会会长是ZY矿业的总经理，通过比赛拉的赞助也比较多，协会发展资金基本不需要依靠体育局，对于怎样发展协会自己决定。一直到2016年，当时体育局的LH局长多次找我们会长，希望我们能支持体育局的工作，并且承诺登记注册后会在资源和项目方面给予一定的支持，从而有助于协会做大做强。考虑到当时国家某部委已经来我县对口支援，LH局长的干劲很足，我们感觉到县里的体育工作有了新的气象，为了表示对他工作的支持，我们才去登记注册的。

在体育行政部门的支持下，C县在民政部门正式注册登记的体育社会组织从2011年的6个增加到了2017年的25个，其中体育社团从2013年的9个增加到了2017年的18个，体育社会服务机构从2011年前的1个增加到了2017年的7个，体育社会组织数量快速增长，体育社会组织的结构逐渐趋于平衡。

2013—2017年间，C县在民政部门注册登记的体育社会组织达到了15个。

同时，为了加强对草根体育组织的规范化管理，C县体育局于2015年开始探索对乡镇体育联合会、社区体育辅导站和健身站点的“备案制”管理模式，赋予了这些“草根”体育组织一定的行政合法性，将部分发展势头较好的“草根”体育组织也纳入了政府的管理范围。

二、组织再造

在辖区内正式登记的体育社会组织不断增长的情况下，为了引导体育社会组织更好地“为我所用”，C县体育局开始建章立制，试图加强对体育社会组织的规范化管理，实现对体育社会组织的“组织再造”。这一过程既符合国家对社会组织管理的规定，也有利于体育局将自身的意志和目标嵌入体育社会组织，在强化了政府对体育社会组织监管的同时，客观上也促进了体育社会组织内部治理能力和专业服务能力的提高。

（一）实行政社分离

C县体育局根据国家社会组织管理的有关规定，以及C县于2014年下发的《C县行业协会商会与行政机关脱钩总体方案》，制定并颁布了《C县体育社团管理办法（试行）》《C县民办非企业单位管理办法（试行）》等两个政策文件，规定各类体育社会组织均挂靠于C县体育总会，由C县体育总会负责对体育社会组织进行日常管理和业务指导。同时，C县体育总会对挂靠在其名下的体育社团进行了改组，要求除了老年人体育协会以外，不再允许现任科级以上党政领导担任社团负责人的职务，而改由在C县具有一定影响力的教练员、裁判员、省级以上社会体育指导员、企业界及热心于体育社团工作的知名人士担任，改组后的18个体育协会中，除乒乓球协会仍旧由县公安局教导员担任负责人、县足球协会由县科协主席担任负责人外，其他所有的体育社团负责人均由社会人士担任。

（二）完善内部治理

在C县体育总会的监督下，目前C县所有的体育社团都建立了较为完善的会员大会制度，会员大会负责制定和修改体育社团的章程，每三年对理事会进行一次换届选举，表决通过社团的重大事项。C县的体育民办非企业单位（体育社会服务机构）基本成立于2016年以后，体育民办非企业单位（体育社会服务机构）的内部治理制度还处于探索阶段。

（三）专业能力建设

第一，体育局制定了《C县体育社团等级评估指标体系》和评估办法，成立了由体育局工作人员、体育教师、体育爱好者组成的体育社团评估小组，评估指标体系采取千分制，由体育社团自评、体育社团互评和评估小组会评三个环节组成。在评估中表现良好的协会可以优先获得政府的资源扶持，促进体育社团走上良性发展的轨道。

第二，从2014年开始，体育局每年举办6次社会体育指导员培训班，要求所有的协会都要派出会员参加社会体育指导员的培训，将协会建设与社会体育指导员队伍建设相结合。C县社会体育指导员人数从2013年的21人增长到2016年的336人，3年实际增长了15倍，体育社会指导员队伍的壮大，促进了体育社会组织的专业能力建设。

第三，成立了C县体育社会组织联合党支部。体育社会组织联合党支部每个季度召开支部会议，除了进行党员政治学习以外，要求各协会负责人应就每个季度活动开展的情况进行深入交流，促进相互之间能力的提高。

三、资源扶持

为了实现对体育社会组织的承诺，扶持体育社会组织的发展，C县体育局为具备合法性的体育社会组织提供了资金、场地、器材、人力资源等方面的支持。在访谈中，群体股负责人兼体育总会秘书长WB谈道：

这几年，我们对体育社会组织的扶持力度较往年大了很多，一是体育社会组织举办群众性的体育赛事，代表C县参加市级以上体育比赛获奖，可以向体育局申请资金支持。二是腾出了原少儿体校的一间会议室作为“体育社会组织之家”和“体育社会组织联合党支部办公室”，并为每一个体育社会组织购置了办公桌。三是将县体育馆篮球馆、羽毛球馆、体育局办公楼三楼的乒乓球室采取象征性收取租金的方式，提供给部分体育俱乐部，将奥林匹克广场周围的室外网球场、篮球场和足球场免费提供给网球协会、篮球协会和足球协会使用。四是将国家某部委和社会各界捐赠的体育器材提供给部分体育社会组织使用。

在访谈中，部分体育社会组织对体育局的资源支持表示了认可，同欣篮球俱乐部的负责人PW谈道：

我们主要是希望得到场地方面的支持，哪怕需要我们付一定的租金也是可以的，以前俱乐部开展活动需要到处找场地，现在有了固定的场地，俱乐部的运营相对稳定了，我们的干劲儿也更足了，在这一点上体育局还是做了实事的。

四、项目制治理

在我国，项目制作为国家治理的一种方式和机制，原本是中央权力集中的背景下通过财政转移支付调动地方政府积极性的一种方式，政府开始采用向社会组织购买服务的方式将项目制往外延伸，形成了一种统合国家与社会的治理机制[1]。作为2014年国家体育总局开展体育社会组织服务全民健身的试点单位之一，C县是我国较早地对体育社会组织实行项目制治理的县级单位，开展政府向体育社会组织购买公共体育服务的实践，成为C县体育局对体育社会组织实行“行政吸纳服务”的重要方式。

为了推动对体育社会组织项目制治理的顺利进行，C县政府于2015年5月7日下发了《关于印发〈C县关于开展向体育社会组织购买公共体育服务试点工作的方案〉的通知》的文件，并成立了向体育社会组织购买公共体育服务评审工作领导小组，开始了政府向体育社会组织购买公共体育服务

[1]　王清. 项目制与社会组织服务供给困境：对政府购买服务项目化运作的分析[J]. 中国行政管理，2017（4）：59-64.

的初步探索。在2015年的第一次试点工作中，C县将2015年全民健身大联赛的13个单项体育比赛全部通过政府购买公共体育服务的形式委托给9个体育社会组织承办。除了国家体育总局下拨的15万元试点工作经费以外，C县通过县财政拨款25万元，共计40万元用于向体育社会组织购买公共体育服务，并由相关体育社会组织进行1：1的资金配备。通过政府向体育社会组织购买公共体育服务，C县体育局与体育社会组织建立了一定的契约合作关系，与直接对体育社会组织给予资金扶持的方式相比，更有利于增强体育社会组织对县域群众体育的参与感和认同感，提升了体育社会组织在县域群众体育治理中的主体意识。

第二节　体育社会组织的参与对县域群众体育治理绩效的影响

过去，学术界对于国家与社会关系的讨论更多地使用“法团主义”和“公民社会”两种理论框架，这两种理论的共同点在于将国家和社会视为相互竞争和对立的关系，近年来，随着政社关系的不断调适，这两种视角已经难以解释国家与社会关系的变化。事实上，从C县引入体育社会组织参与群众体育治理的实践来看，在基层群众体育治理体系中，政府和体育社会组织之间并不是一种简单的此消彼长的对抗关系[1]，而是能够通过合作治理实现双向增能：一方面政府通过行政吸纳的方式培育和发展了体育社会组织，体育社会组织的组织能力得到了明显提升；另一方面，对于在县域治理体系中处于相对“弱势”地位的体育行政部门而言，体育社会组织的参与也显著地提升了县域群众体育治理的绩效。

一、满足群众多元化体育需求

在体育行政部门的主动引导下，C县部分体育社会组织积极作为，除了

[1] 纪莺莺. 从“双向嵌入”到“双向赋权”：以N市社区社会组织为例：兼论当代中国国家与社会关系的重构[J]. 浙江学刊，2017（1）：49-56.

为会员提供互益性体育服务外，还积极拓展服务范围，主动开展群众性体育活动、体育竞赛、技能培训等，体现出一定的承担公共体育服务职能的意识和责任感，不但提升了政府和社会对组织的认同，也有效提高了群众体育治理的绩效。

从C县各体育社会组织上交给体育总会的工作总结来看，以2016年度为例，C县各体育协会举办了全县范围内的体育培训和赛事20余次，其中篮球协会举办的全县夏季篮球联赛，吸引了全县各乡镇的10个篮球俱乐部参加比赛，历时3个月，形成了一定的社会影响力；7个体育俱乐部通过低收费的形式，为1587人开展了各类体育健身培训，其中黑金健身俱乐部培训人数达到500人，体现了一定程度的公益性；依托城乡社区发展起来，在县体育局和各乡镇备案登记的城乡基层体育社会组织，虽然不具备社团法人资格，但是也逐渐成为满足群众性多元化体育需求的重要力量。

◆ **案例1：**

群众身边的组织——YM镇农民文体协会

为了改变农村体育无组织的状态[1]，改善农村体育工作开展的困境，近年来，C县体育局鼓励各乡镇成立各类体育联合会，对各乡镇的体育联合会进行“备案制”管理，要求各乡镇对体育联合会在政策上和资源上给予一定的扶持。在政府的大力支持下，C县涌现出了一批由群众自发组织的乡镇体育联合会，为丰富农村群众的业余文化生活发挥了重要作用，一定程度上缓解了农村体育开展中的现实困难，YM镇农民文体联合会就是其中的一个较为典型的案例。

在YM镇农民文体联合会成立以前，该镇的群众体育活动主要由文化站负责开展。该镇文化站的P站长，除了负责文化站的工作以外，还兼任镇政府办公室主任，长期以来忙于应付镇政府及各县直属机关单位派下来的行政性事务，无暇顾及群众体育活动的开展，迫切需要通过体育社会组织来

[1] 刘一民. 城乡统筹视角下中国县域体育发展论纲[J]. 南京体育学院学报，2014，28（2）：1-5.

推动该镇的群众体育工作。2014年3月，YM镇中心居委会的G主任牵头成立了YM镇农民文体联合会，该协会在成立之初就得到了镇政府的大力支持，除了为该协会提供5000元的启动资金以外，该镇分管文体工作的T副镇长主动与县体育局联系，为该协会进行了备案登记，并为该协会争取了一部分体育器材和设备。协会采取体育和文化活动相结合的方式，下设民乐队1个、广场舞队3个、腰鼓队1个。协会由G主任担任会长，并设有副会长2名，秘书长1名，分队长3名，还拥有专业社会体育指导员3名，本镇的居民都可以加入协会，现有会员200多名。协会成立三年以来，一直积极地推动YM镇群众体育活动的开展，作为YM镇群众身边的组织，充分地满足了群众多元化的体育需求。协会除坚持定期组织会员开展群众性体育活动外，还连续三年举办了YM镇农民运动会，2016年，在县体育局的大力支持下，该协会还承办了一次全县的农民运动会，有效带动了周边各乡镇的群众体育工作；2016年，协会自筹经费成功举办了YM镇第一届农民文化艺术节，在艺术节上表演的24个节目全部为协会会员自编自演，农民文化艺术节举办的当天，前来观看的达到近2000人，在C县乃至与C县毗邻的D县均引起了不小的轰动；同时，协会的民乐队和广场舞队还多次受邀前往G市进行商业性表演，既为协会筹措了发展的资金，也打响了协会在当地的名气。在访谈中，G主任向我们描述了协会成立后给当地群众的生活带来的变化。

“有人说，农民不需要文化活动，不需要体育活动。我觉得这种认识产生的原因是其不完全了解农村的情况。我们镇是C县最大的镇，一共有2万多人口，仅中心居委会就有3000多居民，农民靠外出打工和种植脐橙致富，经济条件都还不错。过去农村体育的开展既没有场地又没有组织，农民农闲时间怎样度过呢？有不少人去打牌赌博。2014年，我们中心居委会的几个人自己凑钱添置了一些设备，租了农民的房子，这个协会就这么办起来了。目前，协会的会员由50多人发展到了200多人，会员都是本镇的农民，协会办好以后，文体活动多起来了，农民打牌少了，赌博少了，参加活动的农民身体也变得更健康了，心情也变得愉悦了。我们有些会员说，一段时间不来参加活动，就觉得头痛。同时，我们也积极配合政府的工作，有了新政策，我们会马上去做宣传，我们还经常去敬老院搞搞慰问演出，其他的大事我们也做不了，作为地地道道的YM镇人，也就是做一些我们应该做的，以无私奉献为主。”

近年来，在C县城乡社区涌现出一部分以YM镇农民文体协会为代表的体育社会组织，与政府相比，它们更接近县域群众的现实需要，能灵活地深入到广大城乡社区，有针对性地为不同类型的群众提供形式多样的体育服务，形成了渗透到城乡社区的网络化结构，真正成为群众“身边的组织”。这些体育社会组织不但作为“政府之外的公共物品的提供者”[1]，有效弥补了政府公共体育服务供给的不足，还融入人民群众的日常生活中，使体育成为人们的一种生活方式，成为人们开展娱乐和社会交往的重要手段，使体育有效地发挥了其促进乡风文明建设、社会建设、社会治理等多种社会功能。

二、实现政府职能的有效转移

政府向社会组织购买公共服务，是一种新的、特殊的公共领域，是实现政府与社会组织深度合作的创新机制[2]。作为政府购买公共体育服务的重要承接主体，体育社会组织通过积极承接政府购买公共体育服务与政府建立契约化的分工合作关系，有利于政府职能的有效转移。

作为国家体育总局开展体育社会组织服务全民健身试点工作的试点单位之一，C县于2015年首次开展了政府向体育社会组织购买公共体育服务的实践，在这次试点活动中，一共有9个体育社会组织通过承办全民健身大联赛的方式，承接了政府购买公共体育服务的项目，并顺利地通过了国家体育总局开展的试点工作评估，为我国全面推广政府向体育社会组织购买公共体育服务积累了重要的经验。2016年，C县绝大部分体育社会组织都向政府申报了项目，纷纷利用政府购买公共体育服务的资金举办群众性体育比赛、开展体育健身培训、参加省市级群众性体育赛事。

[1] 王名，刘培峰. 民间组织通论[M]. 北京：时事出版社，2005：30.
[2] 王名. 社会组织论纲[M]. 北京：社会科学文献出版社，2013：339.

◆ 案例2：

群众身边的活动——C县全民健身大联赛的新纪录

为了塑造良好的群众体育氛围，C县恢复了停办多年的全民健身大联赛，该赛事两年举办一次，前两届大联赛均采取县委、县政府发文动员、县体育局承办、县属各单位和乡镇派队伍参加的传统模式，县体育局在赛事组织方面承受着较大的压力，群众参与的积极性也不高，以传统模式举办的全民健身大联赛存在着不少的弊端。2015年，借助成为政府购买公共体育服务试点单位的契机，C县体育局开始创新全民健身大联赛的办赛模式，将联赛的13个项目全部采用政府购买公共体育服务的方式委托给9个体育社会组织承办，县体育局主要负责和各级部门领导的沟通协调，各项赛事的具体组织工作全部由承接项目的体育社会组织负责。相关体育社会组织利用政府购买公共体育服务的资金积极办赛，吸引了4860人参与此次全民健身大联赛，无论是从办赛规模还是参赛人数来看，都创造了C县举办全民健身大联赛以来的新纪录。对2015年度的全民健身大联赛的成功举办，C县体育局群体股的WB谈道：

在2015年以前，全民健身大联赛的所有比赛项目全部由体育局负责。体育局7个工作人员，除了局领导，每个人要负责至少3个项目的比赛，不但要去发动各个单位报名，还要负责安排裁判。一场的裁判费50元，很多裁判都不愿意干。每年下半年，除了办这个比赛，其他事情基本干不了。2015年的全民健身大联赛是C县项目最多、参与人数最多、影响最大、辐射面最广的一次全民健身大联赛，也是让体育局工作人员感觉最轻松的一次全民健身大联赛，花的钱和往年没有什么区别，但是效果却好了很多。

提到2015年的全民健身大联赛，时任C县体育局局长LH也深有感触：

通过这次政府购买公共体育服务，体育社会组织的积极性也被调动起来了，有了主人翁的感觉，它们也都希望能把比赛办好，得到政府的肯定和老百姓的认同。在我们这种小地方，老百姓平时也没有什么娱乐活动，全民健身大联赛赛事项目比较多，一到了晚上和周末，老百姓都能去参加比赛、观看比赛，这对于一个小县城里的老百姓来说，是件很幸福的事情。

通过政府购买公共体育服务，C县体育行政部门尝试将“群众身边的活动”委托给“群众身边的组织”，体育社会组织参与全民健身大联赛的举办，不但有效地提高了政府公共体育服务的供给效率，还提高了群众对全民健身大联赛的认同感和满意度。第一，通过承接政府购买公共体育服务的项目，体育社会组织承接了公共体育服务中较为烦琐、细致且专业性要求较高的群众性体育赛事，有效地提高了公共体育服务的供给效率，使体育行政部门能集中承担好县域群众体育治理主导者的角色；第二，体育社会组织以其自身的灵活性、专业性和更加贴近群众的特点，广泛动员和发动群众的参与，提高群众对赛事的满意度，在不增加公共体育服务成本的同时，有效地提高了公共体育服务供给的效益。

三、推动公共体育政策的制定

萨拉蒙认为，社会组织不但是公共服务的提供者，还应当是公共政策的倡导者和社会资本的建设者[1]。治理强调多元主体之间的沟通协商，政策倡导是体育社会组织在体育治理中应有的权利。在政社合作关系形成的过程中，C县的部分体育社会组织通过体育社会组织座谈会、社会组织联合党支部会议等形式，主动为政府及时制定和调整公共体育政策提供了信息，期望能辅助政府公共体育政策的制定；部分体育社会组织通过提交请示、报告、开展基层调研等方式，向政府部门间接施压，引起政府对特定群体和弱势群体群众体育工作的重视，成功推动了政府相关公共体育政策的制定。

案例3：

老年体育利益的维护者——C县老年体育协会

C县老年体育协会成立于1994年，在长期的发展中建立了县—乡镇—村的三级组织网络，截至2017年6月，全县16个乡镇、3个社区、42个县直单位都建立了老年体育协会的分会，124个行政村和居委会也成立了老年体育辅导站点，现有会员4238人。成立20多年以来，老年体育协会定期开展老年体育日常活动、培训、比赛，宣传科学健身，为C县的老年体育工作

[1] 王名，刘培峰. 民间组织通论[M]. 北京：时事出版社，2004：49.

做出了巨大的贡献。但是受县域群众体育整体发展状况的影响，老年体育协会在不断发展壮大的同时，也不可避免地遇到了场地不足、经费短缺的问题。

为了维护全县老年群体的体育利益，老年体育协会通过各种途径，为老年人表达体育诉求，一定程度上影响了C县的公共体育政策制定。

一是争取将老年体育工作纳入各级政府的考核机制。为了改变考核机制缺乏导致的部分乡镇和单位不重视老年体育工作，老年体育场地、经费落实不畅的现状，老年体育协会一方面到G市其他落实老年体育工作考核机制的区县进行调研，学习其他区县好的经验和做法；另一方面深入各个乡镇开展调研工作，收集会员对老年体育工作的意见和看法。2016年，老年体育协会的负责人多次向C县党政主要领导和县体育局反映情况，C县县委、县政府将老年体育工作正式纳入对各乡镇的考核机制中，共占考核总分的2%。

二是通过促成相关政策的制定，切实解决了老年体育活动的经费。针对C县政府没有将老年体育工作经费纳入财政预算，导致老年体育经费长期不能得到有效保障的问题，老年体育协会对2015年国家体育总局等12部门发布的《关于进一步加强新形势下老年体育工作的意见》等政策文件进行充分学习，并以这些政策文件为依据，反复地向C县党政主要领导提出意见，要求县党政领导对老年体育工作的经费问题进行研究和落实。在老年体育协会的努力下，2017年3月，C县人民政府出台了《中共C县县委办公室、C县人民政府办公室关于加强和改进新形势下老年体育工作的实施意见》（C办字〔2017〕24号），在该实施意见中明确规定要坚持在彩票公益金收入中按每年不低于10%的比例用于老年体育协会开展工作及老年公共体育场馆设施建设，支持老年体育事业发展。老年体育协会在反映老年群体体育诉求、优化政府公共体育政策等方面发挥了积极的作用。在访谈中，老年体育协会LX主席说：

C县是全国计划生育工作红旗县，因此，老龄化的情况比全国平均水平还要高，县老年体育工作是相当重要的。从C县法院院长岗位上退休后，我就一直是老年体育协会的主席，老年体育协会的工作让我积累了一些经验。我觉得干好老年体育工作就是八个字即制度、机制、平台、经费，而机制和经费尤为重要。第一，老年体育工作不纳入考核机制的话，就难以引起各级政府的重视，常常是讲起来重要，忙起来就不要，我们G

市有些县做得比较好，将老年体育工作纳入对乡镇的考核中，效果比较明显。第二，老年体育开展活动的经费不纳入财政预算的话，就是个麻烦事。前些年我们还经常自己垫付资金开展活动，活动结束再去找政府要钱，因此这些年做得最多的事情就是向政府要钱，有时候也向企业寻求赞助，私企老板给赞助，还是靠私人面子。我们协会的几个骨干成员“就像个讨饭的”。这几年为了解决老年体育的经费问题，我们不知道开展了多少次乡镇调研，向县委书记和县长请示了多少次，今年县里终于出台了老年体育工作的实施意见，规定了每年从彩票公益金收入中拨10%给我们开展工作，这下我们开展工作就更有底气了。

在人口老龄化日趋严重的背景下，C县老年体育协会长期以来致力于维护老年群体的体育权益，反复多次地向县党政主要领导及体育行政部门直接施加压力，最终促使C县将对老年体育的重视落实到具体的政策层面。LX主席的观点是“作为协会，一方面要吃透中央的相关政策精神，另一方面要能提出可行的、能被政府采纳的建议”。体育社会组织通过积极反映群众体育诉求，不但能有效地维护弱势群体的体育利益，还发挥了优化政府公共体育政策的作用，体育社会组织为实现群众的公共体育利益而和政府形成平等协商的合作伙伴关系，更能体现体育社会组织在县域群众体育治理的权利和主体地位。

第三节　“政社合作”的局限性

综上所述，C县体育行政部门通过合法性支持、资源支持、组织再造和项目制治理等方式将体育社会组织纳入县域群众体育治理体系中，政社合作关系基本形成，县级体育行政部门和体育社会组织在一定程度上实现了双向增能。但是，从总体上而言，C县体育行政部门对体育社会组织开展“行政吸纳”过程中的具体做法和现实制度，与“合作治理”所包含的理念和价值之间还有一定的差距，体育社会组织自身的能力和定位，与真正的群众体育“治理主体”的要求也存在一定的差距。

一、有限信任：政府对体育社会组织的隐性控制

党的十七大以来，我国社会组织的发展迎来了较为宽松的制度环境，政府逐渐倾向采用更为柔性化的方式对社会组织进行管理。然而受当前我国独特的渐进式改革的影响，地方政府往往既强调社会组织在治理转型中的作用，又强调稳定的政治和社会秩序，认为社会组织若是成为真正独立于政府之外的力量，其在改善公共服务供给格局的同时又具有挑战政治稳定性的可能[1]。基于风险控制的需要，在具体的治理体制改革实践中，地方政府对社会组织的发展往往存在着两种倾向，既希望其发挥协助提供公共服务的功能，又担心其发展失控，影响政治和社会稳定。从体育社会组织参与C县群众体育治理的实践来看，体育行政部门一方面出于创建“全国全民健身公共体育服务体系示范县”的需要，大力发展和培育体育社会组织；另一方面又从风险控制的角度出发，采取各种策略对体育社会组织的发展进行隐性控制，不利于体育社会组织自主性的发展。

（一）对体育社会组织的内部运作过程实行隐性控制

通过体育局实施的组织再造，C县的体育社会组织似乎实现了和政府的脱钩，走上了自主发展的道路，但事实上，C县体育局仍然可以通过县体育总会实现对体育社会组织内部运作过程的隐性控制。目前，体育总会仍旧采取了“一个机构，两块牌子”的组织模式，会长由体育局C局长担任，副会长由体育局LY副局长担任，秘书长则由群体股的WB担任。体育总会不但要求体育社会组织定期向体育总会汇报工作，定期上交工作总结，还要求体育社会组织在召开会员大会、理事会时，必须邀请体育总会的会长或者秘书长参加；同时，《C县体育社团管理办法（试行）》则明确要求体育社会组织的负责人必须由C县体育界、企业界的知名人士担任，体育社会组织负责人的变更必须经过体育总会的审核同意。根据体育总会提供的体育社

[1] 康晓光，韩恒. 分类控制：当前中国大陆国家与社会关系研究[J]. 社会学研究，2005（6）：73-88.

会组织情况一览表得知，目前C县具备法人身份的14个体育协会的法人代表中，有3人是政府工作人员，2人为离退休干部，1人为律师，其他8人均为本地的民营企业家，其中还有2人担任县人大代表和政协会员。对体育社会组织的管理，前体育局局长LH颇有心得：

体育社会组织负责人的选择主要基于以下两点：第一，应当确保组织的负责人是在政治上可靠、与政府关系良好的人士，从而确保体育社会组织向政府预期的方向发展；第二，最好由企业的负责人来担任，这部分人士在县里各方面的资源都比较丰富，能解决组织发展的资金和人力资源问题。

（二）对体育社会组织的发展规模实行隐性控制

C县体育局通过鼓励体育社会组织登记注册的方式，将更多的体育社会组织纳入自己的管控范围之内，然而，在这个过程中，体育局更看重体育社会组织的数量，并不希望体育社会组织的发展规模过大。当个别体育社会组织在发展的过程中呈现横向化和“社团合作”[1]特征时，体育局就会采取各种方式进行干预，对体育社会组织的发展规模进行隐性控制，导致体育社会组织的自主性发展受到了一定的限制。在访谈中，微马跑步协会的HD会长和我们谈到了协会发展过程中遇到的一些困惑。

这几年微马跑步协会发展得很快，全国有180多个城市都成立了微马跑步协会。C县的微马跑步协会是2016年自发成立的，在登记注册的时候很顺利。刚成立的几个月微马跑步协会发展速度非常快，队员人数最多的时候县城和乡镇一共有7个分队，人数超过了500人，除了老年体育协会以外，我们的规模是最大的。这样一个完全民办的体育组织，带动了许多人健身，政府应该持鼓励态度。但微马跑步协会成立不到半年，体育局局长和公安局局长就通过各种途径暗示我们，要适当控制规模。最开始的时候，协会会员中也有不少政府工作人员，但后来陆续退出了，此后会员人数不但没有增加，还大幅度减少，目前只有100多人。

体育局的C局长也毫不隐瞒地表达了他对微马跑步协会的担忧：

[1] 高丙中，夏循祥. 社会领域及其自主性的生成[J]. 北京大学学报，2015，52（5）：120-127.

对于地方政府而言，安全稳定是第一要务，微马跑步协会成立以来发展的速度太快了，我觉得它们的目标是存在问题的，万一偏离方向、失去控制，我们无法承担这个责任，在县里开展工作，安全稳定永远排在第一位。2016年底深圳微马跑步协会曾经提出要在我们县召开全国微马跑步协会的年会，被我们果断拒绝了，我们并不赞同我们县的微马跑步协会和深圳微马跑步协会联系太紧密。

在C县调研的过程中所接触到的政府工作人员多次和我们谈到“安全稳定”对于基层政府的重要性，“维稳”成为基层政府的第一要务。因此，尽管体育社会组织的参与能明显提高群众体育治理的绩效，但是出于风险控制的需要，政府对部分发展太快、规模过大的体育社会组织仍旧持谨慎的态度，体现了对体育社会组织的有限信任。

二、有限赋权：政府对体育社会组织的“工具化”发展

治理强调上下互动，通过合作、协商、伙伴关系来确认共同的目标以实施对社会公共事务的管理[1]。在合作治理中，政府要和体育社会组织分享的资源，既包括运作性的资源，也包括治理性的资源。而这里治理性资源的分享主要是指让体育社会组织拥有表达自身的利益诉求，并且参与公共体育政策的制定的权利。然而，在政社合作关系中，政府部门的行为特征一直令人困扰，它们有时候被认为是积极鼓励和扶持社会组织发展的治理创新者，有时候又被发现具有设置社会组织“隐性进入壁垒”的排斥性偏好[2]。C县体育局对体育社会组织的态度也呈现出了这样的矛盾，在其“工具主义”的发展理念下，体育社会组织在治理体系中承担的角色或是政府公共体育服务职能的承接者，或是政府日常事务的助手，在公共体育政策的倡导等方面发挥的作用还非常有限。

客观来说，少数体育社会组织能有效地影响公共体育政策的制定，如前述的老年体育协会，为维护老年人的体育权益，反复地向县党政主要领导

[1] 俞可平. 论国家治理现代化[M]. 北京：社会科学文献出版社，2014：25.
[2] 黄晓春. 当代中国社会组织的制度环境与发展[J]. 中国社会科学，2015（9）：146-164.

提出建议，最终促成了C县老年体育工作实施意见的出台。但是，老年体育协会之所以能越过县体育局与县级党政主要领导直接沟通，一定程度上影响全县的公共体育政策的制定，甚至对公共体育政策的执行形成一定的监督作用，不但在于老年体育协会和政府之间存在着特殊的合作关系，也与县级党政主要领导的偏好有一定的关系，存在着一定的特殊性。对此，老体育协会的LX主席向我们坦言：

在退休以前，我当过多年的县人民法院的院长，我们前一任的会长也是从县委副书记的位置上退下来的，一直到80岁才退休。为什么大家不愿意让他退呢？很明显，老领导还是有能力申请到资金及政策扶持的。我们之所以能直接和县里的主要领导接触，主要还是多年积累的人脉在发挥作用。有时候对于他们没有做好的事情，比如不重视体育工作、财政投入不足等，我们也要提出一些批评意见的。现在的县党政领导班子对老年体育工作挺重视，这对我们的工作开展非常有好处。

从调研访谈的情况来看，虽然C县的体育社会组织常常被要求配合体育局或者是县委、县政府的相关工作，如参与C县宣传片的拍摄、上级政府及专家学者的调研座谈会等，但是绝大部分的体育社会组织表示难以有机会表达特定群体的体育诉求，对公共体育政策制定的影响力甚微。以C县2017年11月举办的Y岭全国群众登山大赛为例，在比赛召开前半个月，体育局召集各个体育社会组织负责人开会，要求每个体育社会组织都安排一定的人员参与赛事的志愿服务工作，然而当部分体育社会组织在微信群中提出赛事的线路设计存在安全隐患，是否能考虑进行线路修改时，WB的答复是："线路是领导定下来的，只能坚决执行。"在这种情况下，体育社会组织虽然发挥了协助政府提供公共体育服务的作用，但是在这种合作关系中，政府的权力没有发生实质性的转移，转移更多的是政府公共体育服务的职能[1]。对此，C县篮球协会的XY副会长向我们表达了自己的不满：

协会正式登记注册一年多以来，体育局有时候也组织我们参加座谈会，名义上是征询我们的意见，其实就是宣布政府已经制定好的政策和措

[1]　赵秀梅. 基层治理中的国家—社会关系：对一个参与社区公共服务的NGO的考察[J]. 开放时代，2008（4）：87-103.

施，比如《政府向体育社会组织购买公共体育服务的实施意见》，关于购买服务的定价问题，体育局组织我们座谈，我们和其他的体育社会组织也提了一些意见，但最后还是体育局决定，这个座谈会让人感觉充满了形式主义。因此我感觉体育局还是"官本位"，不愿意放权，让我们注册登记后，一到年底就催着我们交总结材料，交各种活动的照片，这样一来，我们做的事情都变成了他们做的，证明他们完成了一些工作。同时，体育局的某些领导根本不是体育科班出身，但一直对我们指手画脚，早知如此就不登记注册了。

在县域内，存在着一类以C县篮球协会为代表的体育社会组织，由于具备较丰富的社会资本，它们对自身的专业性有较强的自信，在努力保持组织自主性的同时，也期望能通过和政府部门的合作治理享受一定的话语权，而非沦为政府提供公共体育服务的 "工具"。在被体育行政部门主动吸纳为"合法"的体育社会组织以后，它们也曾尝试争取获得政府治理性资源的分享，在这种尝试失败后，它们甚至表示想重新回归到"草根"组织时代。这也从一定意义上解释了尽管体育社会组织的登记注册制度日益宽松，但是在C县辖区内仍旧有一部分的"草根"体育组织不愿意主动注册登记的原因。

三、长官意志：政府对体育社会组织的"人格化"支持

在政社合作关系中，体育社会组织应当拥有平等参与县域群众体育治理的机会，以确保合作关系的正常化。然而从C县体育局支持体育社会组织参与县域群众体育治理的实践来看，无论是对体育社会组织的日常资源还是项目扶持都没有形成相应的制度积累，以部门领导的意志来决定的特征较为明显，体现出明显的人格化[1]特征，而这种缺乏理性和制度主导的治理创新，最终还是难以避免"人治"和权力寻租[2]。

[1] 海贝勒，舒耕德. 主动的地方政治：作为战略群体的县乡干部[M]. 杨雪冬，译. 北京：中央编译出版社，2013：287.

[2] 贺培育，黄海. "人情面子"下的权力寻租及其矫治[J]. 湖南师范大学社会科学学报，2009，38（3）：57-60，76.

（一）资源的人格化支持

尽管C县体育局也制定了《体育社团等级评估指标体系》和评估办法，并表示在评估中表现良好的协会可以优先获得政府的资源扶持，但是从实际的情况来看，这些评估指标体系和评估办法在实践中往往流于形式，在长官意志的影响下，C县体育局对体育社会组织的资金及场馆设施扶持体现出了较为明显的“选择性”。体育社会组织能否获得体育行政部门的青睐，关键取决于以下三个因素：一是体育社会组织的负责人及成员和政府关系的远近；二是体育社会组织的负责人是否拥有相对丰富的社会资本；三是体育社会组织是否愿意服从体育行政部门的管理，经常向相关领导汇报工作，即是否为“听话”的组织。以上三个因素决定了体育社会组织在县域群众体育治理体系中的地位。

第一，在资金上的“选择性”支持。根据C县体育局的惯例，除了政府向体育社会组织购买公共体育服务的资金外，体育社会组织在举办了群众性体育活动、参加省市级群众性体育赛事活动以后，还可以采取“事后报账”的形式向体育局申请资金的支持。但是事实上，并不是所有的体育社会组织都能享受到同样的待遇，从对体育局WB的访谈中基本可以判断C县体育局工作人员对待不同社会组织的态度：

虽然体育社会组织开展活动可以向体育局申请资金支持，但不是所有的体育社会组织开展活动我们都给予支持，主要给那些业绩好的组织。判断谁业绩好，主要要看年底评估的分数，不过该评估基本上也还是我们说了算。有些组织一年到头从来没有邀请我们参加过他们的活动，平时也不向我们汇报工作，年底评估中怎么能够拿到高分，谁会给他们资金支持?

第二，对场馆设施的“选择性”支持。C县体育局虽然成立了“协会之家”，为各个体育社会组织都配备了一套办公设备，但是对于体育社会组织而言，公共体育场馆设施才是社会组织正常开展活动的重要依托。在场馆设施有限的情况下，体育局对体育社会组织的支持表现出了明显的倾向性。从调研访谈的情况来看，只有少数几个体育社会组织能得到场馆设施方面的支持，如网球协会，不但获得无偿使用和管理奥林匹克广场的露天网球场地的权利，2017年为了解决网球协会没有网球穿线机的问题，体育局还专门为网球协会购置了一台全新的网球穿线机，而目前绝大部分的体育社会组织日常活动所使用的场地基本都是租用的。至于为何网球协会能得到更多的支持，网球协会的负责人也毫不讳言其中的原因：

网球协会总共56个会员，绝大部分是政府机关的工作人员，所以就这方面而言，体育局还是要多给一些面子的。

（二）项目的人格化支持

C县体育局对体育社会组织的项目支持也体现出了明显的长官意志。在2015年的试点工作中，由县体育局起草、以县级政府的名义颁布的《C县关于开展政府向体育社会组织购买公共体育服务试点的工作方案》提出在试点工作结束后，政府购买公共体育服务要采取竞争性原则，在每年年初，按照体育社会组织申报项目、政府择优选择的程序来进行，体育社会组织在年初就应当做好项目的计划，为了保证项目的公益性，县体育局应择优选择社会效益好、群众参与人数更多的项目作为政府购买的对象。2016年初，各个社会组织纷纷做好了申报项目的准备，然而一直到2016年底，县体育局都没有按原计划采取既定的程序以竞争性购买的方式启动向体育社会组织购买的公共体育服务的项目，一直到2017年1月，县体育局才通过2016年的体育社会组织年会，采取以奖代补的形式，将政府购买公共体育服务的资金分配给了19个体育社会组织。

通过调研得知，购买的项目由相关体育社会组织自行填报，而购买的资金分配，则由各个体育社会组织在上交年度总结材料后，由体育局的个别领导决定。体育局对政府购买公共体育服务的资金分配呈现出一定的差异性，到底是什么因素决定了这种差异性呢？微马体育协会的HD会长对我们说：

为什么有的组织可以拿到10000元，有的组织却只能拿到1000元，有的组织一分钱也拿不到？我觉得同体育局领导关系比较密切的组织会被优先考虑，特别是那些成员中政府工作人员比较多的组织。去年政府购买也给了我们10000元，这是因为我和他们私人关系确实比较好，平时多做汇报，多联络感情。

2017年11月，C县再次以县政府的名义公布《C县关于开展政府向体育社会组织购买公共体育服务的工作方案》（C府办字〔2017〕33号）后，体育局也同时颁布了《C县政府购买公共体育服务项目评估细则》。作为该文件的起草人，C局长对该文件能否得到执行持乐观态度，而某体育社会组织的负责人却认为：

这个方案和评估细则并没有征求体育社会组织的意见，评估细则感觉是比较合理的，不过整个评审过程中政府都唱主角，最终还是领导说了算。因此，评估分数能不能对我们公布就是个问题。此外，购买服务项目完成后的监督和评估措施也不存在，就是拿到项目后，做得怎么样并不重要，关键还是怎么拿到项目、拿到资金。

综上所述，C县对体育社会组织的资源和项目扶持主要是由部门领导的意志决定的，体现出了明显的“人格化”特征。在长官意志强势作用的影响下，培育和发展体育社会组织的相关制度执行困难，导致部分体育社会组织虽然期望从政府手上拿到资源和项目，但对于如何通过这些资源和项目促进自身的能力建设，使更多的群众获益，却难以进行深入的思考，反而热衷通过与相关部门领导建立良好的私人关系，以便从政府手上获取更多的公共体育资源。

四、非常态化：政府对体育社会组织的“运动式治理”

基于各类“树典型”、争做“试点”等目标的推动，针对某一特定的目标开展“运动式治理”是我国县域治理中一种特殊而又普遍的现象。虽然目前学术界对于“运动式治理”的概念和内涵有着不同的解释，但是其总体特征体现为：为了在某一领域内达到特殊的治理目的，行政组织采取自身动员的方式来整合行政力量，在政权系统内打破制度、常规或专业界限而进行的生产性协作[1]。在确立了创建“全国全民健身公共体育服务示范

[1] 冯仕政. 中国国家运动的形成与变异：基于政体的整体性解释[J]. 开放时代，2011（1）：73-97.

县”“体育名城”的目标及成为全国四省区开展体育社会组织服务全民健身试点单位后，C县对体育社会组织的培育和发展也呈现出了鲜明的“运动式治理”特征，不但迅速成立了政府向体育社会组织购买公共体育服务领导小组、创建全国公共体育服务体系示范县领导小组，还以县委、县政府的名义发布了各类相关文件，有效集中了县域各职能部门的资源和行政力量，帮助县体育局在短时期内实现了对体育社会组织的行政吸纳。但是，由于这种“运动式治理”的行动目标、工作组织和活动方式都是围绕着特定任务而临时设定并随时调整的，因而缺乏稳定性，体现出了“非常态化”的特征，在“试点”工作完成后，或者创“典型”的热潮过去以后，相关政策则不再具有持续性，各职能部门的行政力量和资源不再围绕对体育社会组织的行政吸纳而展开工作，县体育局与其他部门协调也开始变得困难。

（一）合法性支持的非常态化

在成为全国四省区开展体育社会组织服务全民健身试点单位以后，C县体育局大力动员体育社会组织在县民政局注册登记，并主动与民政局等相关部门开展协调。仅2015—2016年，C县在民政局注册登记的体育社会组织就达到了10个。然而在调研中我们发现，2017年以来，体育社会组织的登记注册工作变得不再顺畅。目前C县还有3个体育协会、1个体育社会服务机构正在办理注册登记的手续，在笔者参加的体育社会组织座谈会上，瑜伽协会的ZH会长谈到注册登记过程中遇到的困难：

我们协会筹备成立已经有将近半年的时间了，不过我们的注册登记过程并不是很顺利，申请交上去几个月了，迟迟没有得到审批。民政局要求先确定银行账号才能给我们办手续，银行又说要先办理注册登记才给我们开设账户。因此，我们也不知道该怎么样做。

除了瑜伽协会以外，其他几个准备登记注册的体育社会组织也遇到了同样的困难，对此，WB有自己的看法：

这个事情只能靠协会自己去协调，在我们县里，找人办事就是互相给面子。前两年搞试点，上级要来检查，县委、县政府给予支持，许多事情都好办，而现在一来试点结束了，上级没有硬性规定；二来我们的日常工作比较繁忙，难以顾及这些协会的需求。

（二）项目制治理的非常态化

作为全国四省区开展体育社会组织服务全民健身的试点单位，C县于2015年开展的政府向体育社会组织购买公共体育服务无疑取得了一些成功的经验。为了顺利完成试点工作，促进各部门的协同和配合，C县专门成立了“政府向体育社会组织购买公共体育服务试点工作领导小组”，由主管体育工作的县委副书记担任组长，副县长担任副组长，成员则由体育局局长、财政局副局长、民政局副局长、教育局副局长、审计局副局长等相关职能部门负责人组成，并且数次召开协调会议，要求各部门要积极配合此次试点工作。在C县县委、县政府的支持下，2015年的试点工作开展得较为顺利，县财政配套的25万元也及时到位，顺利地通过了试点工作的评估。然而在试点工作结束后，C县并没有就政府向体育社会组织购买公共体育服务的实践建立相关制度和长效化机制，导致政府对体育社会组织的项目制治理呈现出了非常态化的特征，政府向体育社会组织购买公共体育服务的实践开始面临种种困难，不但购买服务的资金难以到位，项目的持续性也得不到保证。

为了体现C县大力推动政府职能转变的决心，试点工作领导小组曾承诺2016年继续由县财政从体育彩票公益金中拨款40万元用于社会组织购买公共体育服务，今后每年按照全县人口人均1元的递增标准拨付资金用于向体育社会组织购买公共体育服务。然而，由于政府购买公共体育服务的资金并没有纳入C县2016年度的财政预算，经过体育局多方争取后，最后落实到位的资金只有10.6万元，与C县县政府承诺的40万元有较大的差距，且直到2017年3月，这笔资金还没有到位。对此，各个体育社会组织颇有怨言，认为资金减少的同时，还不能及时兑现，对体育社会组织的积极性造成了很大的影响。对此，县体育局负责财务工作的H也表示非常无奈：

县体育局没有财政权，我们所用的每一笔经费，都要经过县领导的同意，再由财政拨款。平时我们的每一笔开销，也都是要去财政局报账的。

就政府购买服务的资金而言，2016年县财政就答应了这么多钱，社会组织着急，我们也着急，财政局拨款不到位，我们也没办法。2015年的款项之所以能及时到位，是因为协调会上财政局副局长当场表态，要求款项及时到位。现在这个领导小组已经不存在了，流程可能会慢一些。

至于2017年是否继续开展政府向体育社会组织购买公共体育服务的实践，C县体育局C局长表示，还需要向县党政主要领导汇报和争取资金以后才能决定。2017年11月，C县体育局突然通知各个体育社会组织的负责人到体育局领取《C县关于开展政府向体育社会组织购买公共体育服务的工作方案》（C府办字〔2017〕33号），并且成立了以主管体育工作的副县长为组长的政府购买公共体育服务评审工作领导小组，成员由各相关部门的负责人组成。但是由于接近年终，对于该方案最终能否在该年度得到执行，各个体育社会组织明显缺乏足够的预期。

政府对体育社会组织培育和扶持的背后反映了县域复杂的科层制环境，折射出县级体育行政部门在县域各职能部门中的弱势地位。在“运动式治理”结束后，由于C县并未建立起支持体育社会组织参与县域群众体育治理的长效化机制，导致体育社会组织难以享受“运动式治理”期间的重视。政府对体育社会组织的非常态化治理，削弱了体育社会组织对政府的信任程度，这种“一事一议”的扶持制度，影响了体育社会组织对政府的信任和预期，不利于新型政社关系的建立。

五、行政依赖：体育社会组织自身的独立性有限

具备独立性是体育社会组织在体育治理中确立主体地位的前提条件，在我国社会组织基本特征的研究方面，组织的独立性也一直是学界较重视的研究主题。一般来说，对组织独立性的判断主要有以下几个指标：组织核心成员的官方背景、外部经济资源依赖、外部行政干预度[1]。从C县体育社会组织的总体情况来看，虽然绝大部分的体育社会组织的负责人并不具

[1] 费迪，王诗宗. 中国社会组织独立性与自主性的关系探究[J]. 中共浙江省委党校学报，2014（1）：18-26.

备官方背景，并体现出一定程度的自发性，但体育社会组织对政府的行政依赖还一定程度地存在，导致自身的独立性有限，也强化了自身的“行政化”色彩。

（一）资源依赖

从2015、2016年连续两年各个体育社会组织上交给县体育总会的年终总结来看，C县具备法人身份的14家体育协会中，绝大部分协会的收入主要来源于会费、政府的资助及企业捐赠，只有足球协会和篮球协会开拓了赛事的冠名收入、收费性培训项目等筹资渠道，截至2016年，这两个协会账户中尚有一定的盈余，其中足球协会的账户盈余达到61104元，而其他协会则基本没有盈余。7家体育俱乐部的负责人也表示，通过办培训收取的费用基本上只能勉强用来支付教练员的工资以及租借场地的费用。在笔者参加的体育社会组织负责人座谈会上，体育社会组织反映的最多的问题还是政府的投入不够、资金不到位等情况。在谈到对资源依赖与组织独立性的认识时，部分体育社会组织的负责人认为，只要能获得政府的资源支持，组织的独立性并不重要；在谈到对政府购买公共体育服务的认识时，部分体育社会组织的负责人认为，政府购买公共服务的目的就是解决社会组织资金不足的问题；同时，大多数体育社会组织的负责人都表示，没有精力和能力去考虑拓展目前的业务范围，他们觉得体育社会组织既然替政府部门做事，为政府分担了公共体育服务的职能，其发展资金理应由政府来提供。对此，C局长认为：

这些组织的负责人一天到晚就想着怎么从体育局申请资金，让人觉得他们做这些事情都是为政府服务。以前没有政府购买服务的时候，他们照样开展活动，现在给人的感觉是，没有政府购买提供的资金，他们就没法生存下去。

（二）权威依赖

除了对政府的资源依赖以外，体育社会组织还普遍存在着对政府的权威依赖。无论是自主提供公共体育服务还是通过政府购买服务的方式承接政府转移的职能，体育社会组织在县域范围内开展各类体育赛事、培训活动都需要得到群众的认同和响应。然而，一方面，部分自下而上成立的体育社会组织缺乏稳定的社会关系网络；另一方面，县域内各乡镇也没有配合体育社会组织开展工作的义务。为了保证各类赛事和培训活动能顺利开展，并得到普遍的响应，体育社会组织只能借助政府的权威来解决活动开展的困难，以表示活动的“正规性”。如邀请县领导、体育局的领导为体育社会组织开展的活动“站台”，借助体育局的平台向各乡镇发布通知、布置任务等。部分体育社会组织也借机表示向政府的靠拢，通过查阅C县体育总会编纂的《2016年体育社会组织工作总结》发现，各体育社会组织的年终总结中都出现了“在县委和县政府的关心下、在县体育局的领导下”等话语，体现出一定的官僚色彩。同时，体育社会组织举办的各类活动、赛事均邀请了政府领导参加开幕式、颁奖等。通过对政府的“权威依赖”，体育社会组织在运作中具有在政府的授权下行使职能、替政府行使职能的特点，强化了自身的“行政化”色彩。在访谈中，羽毛球协会的DW秘书长谈道：

在C县，体育社会组织开展全县性的活动时邀请主管体育工作的副县长、体育局局长参与开幕式和闭幕式是一种不成文的规定。一来是为了表示对领导的尊重，希望得到政府的认可；二来也是为了体现活动开展的正规性，扩大活动的规模。

为了从政府获得不确定性的资源和权威支持，以维持组织生存和发展，C县部分体育社会组织主动形成了对政府的“非对称性依赖”。尽管体育社会组织对县域公共体育服务的提供发挥着越来越重要的作用，但这种“非对称性依赖”的存在使得体育行政部门随时都可以通过政策的调整、更换合作对象等方式影响体育社会组织的发展。面对政府的人格化支持，体育社会组织只能通过和政府工作人员建立密切的关系来往的方式换取政府的资源支持和权威支持，因而在一定程度上牺牲了自身的独立性。

六、主动遵从：体育社会组织自身的自主性缺失

在对政府形成“非对称性依赖”及独立性有限的前提下，组织自主性的

缺失也是理所当然的。组织的自主性，意味着组织可以按照自己的目标来行事，其目标设定和自身运作过程中的决策方式都是自主确定的[1]。一般来说，对组织自主性的判断主要有以下几个指标：组织目标认同、组织人事安排和主要业务决策权[2]。从C县体育社会组织与政府合作过程中的具体表现来看，出于对自身的弱势地位和获取政府资源支持的考虑，部分体育社会组织在内部治理上表现出对政府意图的主动遵从[3]，形成了对组织自主性的自我限制。

为了获取政府的信任，体育社会组织一般会按照政府的意图，选择政府信任的社会人士担任社会组织的负责人，部分体育社会组织甚至为了不引起政府的疑虑，主动限制组织的发展规模，如上述微马跑步协会，组织规模从成立初的500多人锐减至现有的100多人，该协会刻意限制组织发展规模，无疑是为了获得政府的信任而牺牲了组织的自主性；有的时候，为了表现出对政府意图的主动遵从，体育社会组织要通过各种途径要求自己的会员保证不做政府不喜欢的事情。在访谈中，微马跑步协会的HD会长对我们说：

作为一家完全由群众自发成立的体育社会组织，我们非常珍惜这来之不易的“合法身份”。对于我们来说，能带动更多的人跑步，就已经非常不错了，至于政府怎么做，那是领导的事情。一直以来，我们都非常清楚和政府保持良好关系的重要性，所以对于一些政府不喜欢的事情，我们都是尽量避免的。比如对于微信群和公众号，我们要求其只能发布和跑步有关的信息，不允许讨论和政府决策有关的事情，更不允许谈论敏感性的政治话题。为此，我们设置了专门的微信群管理员，一旦有人违反纪律，其将被踢出，也不允许再参加我们的活动。

为了获取政府的信任，体育社会组织会将组织的行动限制在政府认可和支持的范围内，“自主性”的缺失使体育社会组织在群众体育治理中的

---

[1] 王诗宗，宋程成. 独立抑或自主：中国社会组织特征问题重思[J]. 中国社会科学，2013（5）：50-66，205.

[2] 费迪，王诗宗. 中国社会组织独立性与自主性的关系探究[J]. 中共浙江省委党校学报，2014（1）：18-26.

[3] 吕纳. 公共服务购买中的政府与社会组织互动关系研究[D]. 上海：上海大学，2013.

功能受到限制，难以发挥制约政府权力、维护群众公共体育利益的作用。虽然从某种程度上讲，这是体育社会组织的一种生存策略[1]，但是从客观上讲，这种生存策略是以一种消极的态度来迎合政府，降低或者曲解了体育社会组织的追求和境界。

七、自利倾向：体育社会组织自身的“公共性”缺失

“公共性”指特定空间范围内人们的共同利益和价值。近年来，随着社会建设、社会治理的提出，“公共性”的问题成为社会科学界热议的话题[2]。学者们普遍认为，在社会转型期，作为新公共性最重要的承载者，社会组织将在新公共性的构建过程中发挥越来越重要的作用。作为体育治理的主体，具备一定的“公共性”是指体育社会组织不但要弥补政府在公共体育服务提供上的不足，还应具备和政府就体育公共事务的治理展开讨论的批判性意识，在一定程度上形成维护公共体育利益的价值取向。是否具备一定的“公共性”，是体育社会组织能否有效参与县域群众体育治理的条件之一，然而从C县体育社会组织与政府合作的实践来看，部分体育社会组织为了维护组织的利益，呈现出明显的自利倾向和“公共性”的缺失。

（一）“贵族化”倾向

社会组织承载着多元的价值理念，表达了不同社会群体差异化的价值需求，因而很难形成公约性的认识。这种价值困境是当代社会无法回避的议题[3]。客观上讲，实现组织或者组织成员的利益诉求，是体育社会组织得以存在的必要条件，但是在“自利性”的倾向下，组织或组织成员的利益诉求往往难以和公共利益完全保持一致。而作为县域群众治理的主体，如果

---

[1] 胡科，虞重干. 依附：资源约束下草根体育组织的生存策略：3个个案的表达[J]. 武汉体育学院学报，2012，46（9）：25-29.

[2] 李友梅，肖瑛，黄晓春. 当代中国社会建设的公共性困境及其超越[J]. 中国社会科学，2012（4）：125-139.

[3] 崔月琴，袁泉. 转型期社会组织的价值诉求与迷思[J]. 南开学报（哲学社会科学版），2013（3）：117-125.

体育社会组织无论何时都以自身的利益诉求至上，很可能导致体育社会组织具有“自娱自乐”甚至“贵族化”倾向，呈现出“公共性”的缺失。

在C县具备法人身份的14个体育协会中，除了老年体育协会，会员人数在100人以上的只有5个，部分体育协会会员人数在50人以下，7个社会服务机构中只有威尚健身营和跆拳道俱乐部的会员人数达到了100人以上。C县的体育社会组织规模普遍较小，一方面源自政府的隐性控制，另一方面也与体育社会组织的自身定位有关。在访谈中我们得知，C县的部分体育社会组织长期以来不主动发展新的会员，有的体育社会组织甚至具有“贵族化”的倾向，如钓鱼协会、网球协会、乒乓球协会的会员90%以上都是C县政府机关的干部和企业家等，普通群众特别是农村群众较少有机会加入这些组织。同时，个别体育社会组织还以聘请体育局的工作人员担任顾问、教练等形式，表明组织身份的特殊性。这些体育社会组织往往较容易获得政府的资源和项目支持，热衷于利用政府提供的资金、场地、器材等公共资源为会员提供“自娱自乐”的“俱乐部产品”[1]，在C县体育局将部分公共体育场馆设施委托给体育社会组织管理以后，部分协会只顾满足协会会员的体育锻炼需要，不按规定的时间将公共场馆设施向群众开放，引起群众的不满和投诉；协会会员则长期满足于在自己的“小圈子”内开展体育活动，服务于全民健身、为广大人民群众提供公共体育服务的动机不强烈。

（二）营利倾向

“非营利性”是体育社会组织的主要特征之一。“非营利性”意味着体育社会组织虽然可以从事经营活动，但是所获得的利润不能用于组织内部成员的分红。从C县体育社会组织发展的实际情况来看，目前的7家体育俱乐部（体育类社会服务机构）大多带有浓厚的营利色彩。对7家体育俱乐部负责人进行的访谈显示，他们对于体育社会组织的“非营利性”存在着一定程度的不理解，也毫不避讳地指出举办体育俱乐部的目的就是营利。而

[1] 李友梅，肖瑛，黄晓春. 当代中国社会建设的公共性困境及其超越[J]. 中国社会科学，2012（4）：125-139.

这些体育俱乐部之所以选择在民政部门登记注册而非工商部门登记注册，一方面是为了获得政府在资金和场地方面的扶持，另一方面则是为了以“公益”的名义扩大自身的知名度。以威尚健身营为例，该健身俱乐部一直以来都是按照市场价格对会员收取培训费的，与工商注册的健身俱乐部并无本质上的区别，但是该俱乐部不但能享受税收方面的优惠，还能获得政府的资源和项目扶持。这些民间主导的体育俱乐部完全不具备非营利的初衷，也难以建立合理的内部治理结构，因此很容易沦为组织负责人挣钱的工具。

（三）“工具化”倾向

社会组织为某些群体代言，就某些公共议题发表自己的看法和建议，能对政府权力的运作形成一种公共舆论的“场”，从而体现出社会组织的“公共性”[1]。在政社合作关系中，主动倡导公共体育政策、维护群众的公共体育利益是体育社会组织的重要职能之一，也是政府和体育社会组织分享治理性资源，形成平等合作关系的体现。然而在笔者于C县参加的体育社会组织座谈会和对体育社会组织负责人进行的访谈中，当谈及是否有强烈的意愿和政府形成平等合作的关系，是否愿意和政府就公共体育政策的制定等问题展开讨论时，绝大多数的体育社会组织负责人都表示，只关心政府扶持的资金能否及时到位，对于是否能影响政府的政策，则完全没有考虑过。以政府向体育社会组织购买公共体育服务为例，政府购买公共体育服务项目的定价、实施和评估基本都由政府决定，除了少数的体育社会组织以外，绝大多数的体育社会组织对此并无异议。为了获得政府购买公共体育服务的项目，部分体育社会组织自愿成为政府的“服务之手”，呈现出以政府目标为导向的发展方向，对群众的多元化体育需求则考虑不足。

---

[1] 唐文玉. 社会组织公共性：价值、内涵与生长[J]. 复旦学报，2015（3）：165-172.

第四节　体育社会组织的“有限参与”

人们最常从工具性的角度来看待社会组织与公民社会的意义，然而社会组织参与公共事务治理的过程中，社会组织本身就是目的，而不必首先是手段。它是人们的生活场域，在这里人们情感的、利益的、信仰与意识形态方面的需求得到满足[1]。因此，作为县域群众体育治理的主体，体育社会组织与政府形成合作治理关系的同时，所体现出的独立性、自主性、公共性及对自身主体身份的认同感，与合法性、专业服务能力的提升同等重要。

随着县域群众多元化体育需求的日益增长，县级体育行政部门公共体育服务供给压力也随之增大，但是政府机构改革的趋势又严格限制了县级体育行政部门工作人员的数量，在此背景下，县级体育行政部门倾向于通过培育和发展体育社会组织来提高公共体育服务的供给能力。C县体育行政部门采取合法性支持、资源扶持、组织再造、项目制治理等方式实现了对体育社会组织的行政吸纳，重新构造了二者之间的合作关系，县级体育行政部门利用体育社会组织的专业能力提升了县域群众体育治理的绩效，体育社会组织则提升了自身的专业服务能力，在一定程度上实现了政府和体育社会组织的双向增能。

但是，尽管支持取代了控制成为县级体育行政部门发展体育社会组织的核心任务，县域群众体育治理体系中的政社合作关系仍旧处于一种“非均衡”的状态。出于风险控制、权威维护等目的，政府对体育社会组织采取了隐性控制和工具化发展的策略，限制了体育社会组织独立性、自主性和公共性的发展。同时，在县域群众体育资源投入相对不稳定的情况下，政府对体育社会组织的培育和扶持还缺乏合理的制度规范，呈现出人治化和运动式治理的特征，影响了体育社会组织对政府的信任；而自身的造血能力不足和对公共体育利益的忽视，又使得体育社会组织产生了对政府的非对称性依赖、主动遵从及自利性的倾向，为了组织的生存和发展，体育社会组织呈现出工具化的发展策略，选择主动牺牲组织的独立性、自主性和

[1] 王名，刘培峰. 民间组织通论[M]. 北京：时事出版社，2004：49.

公共性以换取政府的资源和信任。

总体而言，与传统的政社关系不同的是，县域群众体育治理体系中的“政社关系”较为复杂，二者虽然不再是简单的控制与被控制的关系，但也不是一种完全非依附、共享、信任的合作治理关系，而是一种融合与冲突、依赖和怀疑共存的“互利关系”。政府对体育社会组织的信任和赋权有限，面对政府一方不确定的培育和发展格局，体育社会组织倾向于以工具化的发展策略更为务实地获取政府的资源，呈现出对组织战略目标和实现公共体育利益愿景的忽视。政社双方在合作关系上的非均衡地位，导致体育社会组织在县域群众体育治理中的职能发挥及组织能力发展也不均衡。随着县域群众体育治理转型的不断深入，体育行政部门和体育社会组织通过合作治理实现双向增能仍旧有较大的发展空间。

第五章
公民参与C县群众体育治理的实践

党的十八大以来，党的重要纲领和文件都提到了公民参与在全面深化改革中的重要作用，公民参与社会公共事务治理已经上升为国家意志。本章将着重考察在公民参与成为一种主导性话语的情况下，C县体育行政部门如何对群众体育治理中的公民参与作出新的行为选择，公民的参与能否为县域群众体育治理的绩效带来实质性的影响，以及C县群众体育治理体系中的政民合作还存在哪些局限性。

第一节　政府对公民参与平台的搭建

地方公共事务是公民权利实现的主要平台[1]，县级体育行政部门和公民距离最近，最容易实现和公民在群众体育公共事务中的互动。在上级政府和个别部门领导的推动下，近年来，C县体育局采取网络信息沟通、关键公民接触、公民参与决策等措施自上而下地搭建了公民参与的平台，县域群众体育治理中的公民参与实现了从无到有的转变，县域公民得到了与政府合作互动、通过公民参与的实践习得公民精神的机会，不再被完全隔绝于群众体育公共事务之外。

[1] 杨雪冬. 简论中国地方政府创新研究的十个问题[J]. 公共管理学报，2008（1）：16-26.

一、网络信息沟通

信息沟通是政府和公民良性互动的基本要求，也是评价公民参与成效的重要标准[1]。与传统的广播、电视、报纸等沟通方式相比，网络信息沟通不但能打破时间和地域的限制，也能实现政府和公民的双向互动和沟通的平等性。通过网络实现政府与公民之间的信息沟通，是我国地方政府开展制度创新的重要内容之一，信息公开、民意征集、监督投诉、在线访谈、县领导信箱等版块成为地方政府网站不可缺少的内容。早在2009年，C县县政府就将与公民的网络信息沟通作为对县属行政机关的考核内容之一，在县级政府的政策安排下，C县体育局也通过群众体育信息的内输出和外输入，实现了和公民之间的网络信息沟通。

第一，群众体育政务信息的内输出。信息告知能使政府的相关信息流向公民，是保障公民参与的第一步。对于政府而言，建立信息公开制度，建设透明政府，不仅是规范官僚结构权力，提高行政管理水平的治理工具，还是保障公民知情权，促进公民参与的重要举措[2]。通过浏览C县人民政府网站可知，C县体育局向公民输出的信息，主要包括群众体育法规和政策、群众体育发展规划、群众体育工作总结和计划、群众体育赛事通告、公共体育场馆设施数据统计、公共体育场馆设施建设招标和建设进度、群众体育财政预决算、体育社会组织相关情况统计等方面的信息。群众体育政务信息公开，一定程度上保障了公民对群众体育公共事务的知情权，为公民参与县域群众体育治理奠定了基础。

第二，公民体育需求、公共体育决策建议等信息的外输入。公民向体育行政部门表达体育利益诉求、提供政策建议是公民参与群众体育公共事务治理的重要起点，如果公民的意见和建议能得到体育行政部门的回复或者采纳，会极大地提高公民参与的兴趣和热情。通过浏览C县人民政府网站可知，C县公民可以通过局长信箱、民意征集、在线调查等板块向体育局反馈

---

[1] 李章程. 网络时代公民与政府的信息沟通分析[J]. 电子政务，2017（4）：23-36.

[2] 李学. 信息公开、公民认知度与地方透明政府建设：基于A市居民问卷调查数据的实证分析[J]. 东南学术，2011（1）：82-94.

关于体育场地建设和管理、体育赛事活动举办等方面的诉求和意见，也可以通过县人民政府不定期安排的部门领导在线访谈与体育局局长实现面对面的沟通与交流。

二、关键公众接触

关键公众接触是指向相关公民中的小部分公民征求意见，让其发表看法、提出建议、表达需求[1]。由于政府挑选出来的关键公众往往是公民团体中的精英，与一般公民相比，关键公众提供的信息往往比较全面，且成本低、效率高，对于政府的决策制定能发挥重要的作用。近年来，在人大、政协等上级部门的推动下，与县级人大代表、政协代表以及村（居）委会、县域体育精英等关键公众接触成为C县体育局向公民征求意见、优化公共体育决策的重要方式。

第一，与人大、政协建议人、提案人的三见面。在我国现有的民主政治制度下，对人大、政协代表等关键公众建议和提案的采纳是优化公共体育政策的重要途径。根据C县体育局提供的内部资料，以2017年为例，C县第十八届人大二次会议共收集代表建议60条，其中涉及群众体育公共事务的建议1条，C县政协十届二次会议共收集代表提议133条，其中涉及群众体育公共事务的提议3条。在收到人大代表和政协委员的建议和提案后，C县体育局实行了与建议人和提案人在办理前、办理中和办结后的“三见面”，及时对建议和提案进行了回复，对相关工作开展了自查和自评。历届县人民代表大会和政治协商会议的建议和提案，成为政府了解公民体育诉求、制订体育发展规划及群众体育政策的重要依据。

第二，对人大常委会专题调研的回应。在人大代表会议闭会期间，县级以上的各级人大代表根据安排，围绕经济社会发展和关系人民群众切身利益、社会普遍关注的重大问题，开展专题调研。专题调研由人大常委会统一安排并组织，一般于每年年中进行一次。2017年5月，C县人大常委会

[1] 周义程. 当代西方领导决策优化型参与工具析论[J]. 领导科学，2016（11）：9-12.

将县人民政府体育工作情况作为该年度的专项调研主题，由C县人大常委会G副主任组织部分人大代表，历时一个月，深入C县的16个乡镇，组织包括村（居）委会负责人、体育教师及热心体育事业的“社会精英”在内的400多人召开体育工作座谈会。根据参与座谈的公民普遍反映的体育基础设施缺乏、政府购买公共体育服务经费的落实、体育专业人才缺乏、体育赛事开展不够、体育运动场所监管不到位等问题，县人大常委会提出了意见和建议，并形成了《关于对C县人民政府体育工作情况报告的审议意见》。C县人民政府组织县体育局对该审议意见及时进行了研究处理，体育局对参加座谈会的关键公众进行回访后，制订了整改方案报人大常委会，落实整改的情况将在人大常委会会议上报告，并接受满意度测评，向全县人民公布。尽管这种类型的关键公民接触并不由县级体育行政部门直接发起，但是仍然对公民意见的征集发挥了重要的作用。在访谈中，参与过座谈会的HS镇ZX村的L村主任对此次专题调研工作如此评价：

我在ZX村担任村主任多年，县人大常委会针对体育工作开展的专题调研还是第一次。作为ZX村的负责人兼舞龙协会负责人也是国家二级社会体育指导员，我对县里体育工作还是有点责任感的。这次的座谈会，我主要针对“舞三节龙”这个县里边的传统项目的开展提了一些建议。这些年农村的青壮年在外打工的比较多，大家都追求经济效益了，家族观念也没有之前那样浓厚了，在没有经费的情况下，以家族为依托的舞龙活动开展不下去，城里人玩的东西我们也不懂，就喜欢些传统的项目，希望政府能给予经费支持让这件事情维持下去。希望此次调研能真正发挥作用，我也算为C县的体育工作做了件贡献。

三、公民参与决策

公民参与阶梯的最高层次是公民权利，随着公民权利不断增加和落实，公民得以真正形成和政府的合作伙伴关系[1]。因此，相对于网络信息沟通和

[1] 赵光勇.治理转型、政府创新与参与式治理：基于杭州个案的研究[D].杭州：浙江大学，2010.

关键公民接触，在决策制定中对公民的意见和建议给予切实的回应，是公民参与的核心环节。在C县部分公共体育场馆设施建设的过程中，体育局的相关领导对推动公民参与公共体育决策发挥了关键的作用，开创了C县公共体育场馆建设中公民参与决策的先例。

2016年，在时任C县体育局副局长LM的推动下，C县体育局作为群众公共体育场馆设施建设的责任单位，ZY休闲健身广场提质改造首次尝试了在公共体育场地建设中引入公民参与决策。第一，在邀请专家对ZY休闲健身广场的设计方案进行科学论证后，C县体育局随即通过在施工现场放置告示牌、在县人民政府网站上发布公告等方式向社会公示健身广场的设计方案；第二，由LM带领体育局工作人员亲自到群众体育场地现场征求公民意见，实现政府与公民面对面的沟通与协商；第三，根据公民的建议更改了设计方案；第四，通过县电视台、现场告示牌公布微信公众号，广大人民群众对更改后的两种不同的设计方案进行投票决定；第五，C县体育局采纳了公民的投票结果，按照公民的建议完成了ZY休闲健身广场的提质改造（图5-1）。

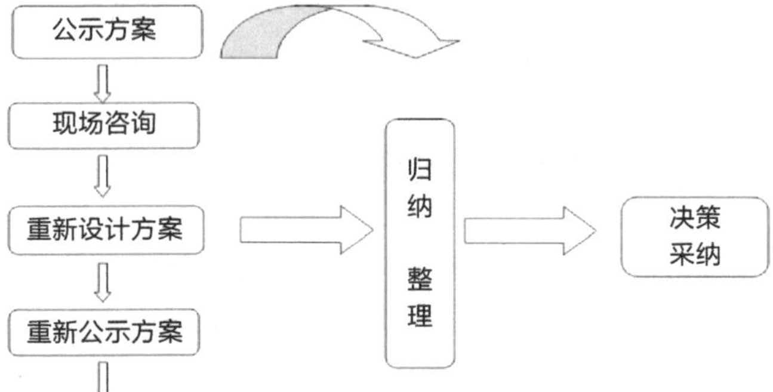

图5-1　ZY休闲健身广场改造项目公民参与决策的流程图

对于引入公民参与决策，LM副局长深有感触：

我认为做行政工作，一是要尊重群众的意见，二是要考虑细节。毕竟公共体育场馆设施最终还是群众使用，很多时候我们认为好的东西群众不一定认为好，在基层工作中，很多干部经常抱怨“卖力不讨好”，这是因为政府单方面的决策并不为群众所认可。在ZY休闲健身广场改造的过程中，公民亲自参与决策，主动为群众公共体育场馆设施建设贡献他们的智慧，虽然这次参与的公民人数还没有达到一个理想的规模，微信公众号投票的参与度还有待提高，但我觉得这是一个非常好的开始。

第二节　公民参与对县域群众体育治理绩效的影响

人的美德必须通过教育的方式去开发，而最好的教育就是参与政治的实践[1]。在传统的县域群众体育管理模式中，公民的影响力和创造力没有发挥的空间，容易导致公共体育服务的“需而不供”“供非所求”等资源配置偏差及资源浪费。而一旦让公民参与到群众体育治理的实践中来，公民的智慧能得到一定的开发利用，公民精神得到一定的培养，政府资源配置的偏差能得到有效的纠正，制定的决策将更符合群众的需要，公共体育服务供给的效率也能得到有效提高。因此，政民合作治理关系的构建，也能有效地实现政府和公民的双向增能。

一、纠正体育资源配置偏差

对体育资源的合理配置是促进公共体育服务均等化的重要途径，受体育资源总量有限和自上而下的垂直型行政决策模式[2]等因素的影响，我国体育资源的配置呈现出明显的区域不均衡和城乡不均衡，这种现象在我国县域也不同程度地存在着。有学者通过调研发现，在我国中西部地区，农民健身工程项目大部分被经济条件较好、地理位置较好的村庄获得[3]，体育资

---

[1] 刘智峰. 国家治理论[M]. 北京：中国社会科学出版社，2014：122.

[2] 刘亮，刘元元. 公平视角下我国体育资源非均衡现状及“供给侧”致因分析[J]. 西安体育学院学报，2016，33（5）：299-305.

[3] 郇昌店，肖伟，郭修金. 农民体育健身工程的运行逻辑、项目不足与完善思路[J]. 天津体育学院学报，2015，30（1）：23-28.

源“需而不供”的现象在县域较常见，而公民通过自下而上的途径表达体育需求成为有效纠正这种偏差的重要途径。近年来，除了县体育局部门自上而下搭建的局长信箱、关键公众接触等平台以外，C县部分公民能通过村（居）委会、体育社会组织等自下而上的途径主动向政府表达体育需求，一定程度上发挥了纠正体育资源配置偏差的作用。

案例4：

公民体育需求的成功表达——建在梯田上的农民健身工程

C县西南部的S乡SZ村，距离县城有一个半小时的车程，是典型的梯田地貌村，是C县较偏远的行政村之一。在安排农民健身工程项目的过程中，C县体育局认为该村地理位置较偏僻，也缺乏农民健身工程项目所需的平整土地，故没有审批通过该村对农民健身工程项目的申报。然而在S乡各行政村基本实现了农民健身工程全覆盖的情况下，该村村民对于本村没有获得农民健身工程项目感到十分不满，SZ村村民纷纷向村委会干部提出意见，认为SZ村一直缺少一块可供群众开展体育锻炼的场所，大学生和外出务工的青年回村后还需要借用其他行政村的篮球场地，非常不方便，因而强烈要求村委会代表村民向体育局申请农民健身工程项目。2015年底，SZ村村民主动在村小学的旁边，拆除一间闲置的农具房，平整好场地，由村党支部书记出面邀请负责农民健身工程项目的WP前往该村实地考察，同时，S乡SZ村主任多次与WP联系反映村民的需求，最后促成了项目的落实。目前该村的农民健身广场利用率很高，成为当地村民开展体育锻炼的重要场所。农闲时老年人和妇女利用篮球场跳广场舞，寒暑假学生聚集在一起打篮球，节庆期间村民们又利用健身广场开展舞龙舞狮等民间传统活动，用SZ村主任的话说，SZ村的农民健身广场成为该村人气最旺的地方。提及SZ村农民健身工程项目实施的过程，WP说：“虽然C县已经基本实现了农民健身工程的全覆盖，但是前两年体育局在做农民健身工程项目的规划时，并没有将SZ村考虑进去，因为这个村很偏远，经济条件不太富裕，而且缺少土地。没想到这个村的村民体育意识还是比较强烈的，他们的村主任多次找我沟通，希望我去他们村看一看。第一次去考察的时候，看到他们自己已经主动将土地平整好，我很感动。这个村的村民比较团结，大学生也很多，群众体育的氛围比较浓厚。山高路远，不去实地考察确实不了解情况，作为政府工作人员，我们的工作任务也很繁重，对农民的体育需求难以考虑周全。”

C县农民健身工程项目的实施存在一定的资源配置不均衡现象，导致对经济条件和地理位置处于弱势的SZ村等行政村的忽视。然而，SZ村群众能通过村委会主动向体育行政部门表达自身的体育需求，积极争取农民健身工程项目，使群众的体育需求信息及时地被政府获知，一定程度上发挥了纠正政府公共体育服务偏差的作用。SZ村群众自下而上表达自身的体育利益诉求，反映了公民权利意识的觉醒。根据对C县体育局局长C的访谈得知，除了向上争取农民健身工程项目以外，近年来，每年都有村（居）委会干部主动和体育局联系，为本村（居）委会争取社会指导员培训的名额。公民通过人大、政协、村（居）委会、体育社会组织等途径合理地表达自身的体育需求，是公民参与县域群众体育治理的基本方式，有利于促进县域群众体育资源配置的合理化、均衡化。

二、提高政府决策的合理性

公民主动反映体育需求是一种诉求式的参与，而公民参与政府决策的制定则是一种协商式的参与，作为一种现代民主国家公共事务治理的方式，公民参与政府决策已经成为各个国家与各级政府的必然选择[1]。尽管公民参与决策在理论上具备非常重要的价值，但是受长期以来我国“政府本位”的群众体育发展观念的影响[2]，公民参与决策在实践中的应用并不广泛。因此，C县在ZY休闲健身广场的提质改造过程中引入公民参与决策的案例为公民参与政府决策提供了可操作化的样本，公民在参与政府决策过程中表现

[1] 郭小聪，代凯. 政府对公众参与的策略选择：一个“轮流出价博弈”的分析框架[J]. 中国人民大学学报，2014，28（4）：107-115.

[2] 任海. 以群众体育促进社会建设[J]. 北京体育大学学报，2014，37（9）：1-9.

出来的智慧和创造力对提高政府决策的合理性具有十分重要的意义。

案例5:

群众身边的场馆设施——ZY休闲健身广场提质改造中的公民参与

ZY休闲健身广场毗邻ZY中学，是C县构建县城“南—中—北”10分钟健身圈中“北”部重要的群众体育健身场地，周边居民密集，由于年久失修，该健身广场长期以来没有得到有效的利用。2016年，C县第17届人民政府第64次会议决定对ZY休闲健身广场进行提质改造。在LM等体育局领导的推动下，ZY休闲健身广场的改造过程引入了公民参与决策，在个别体育行政部门的领导表现出开展创新的勇气和动力的同时，C县部分公民也对参与政府的决策表现出了高度的热情。C县山多地少，对群众公共体育场馆设施的建设形成了严重的制约，然而通过政府和公民的协商合作，该健身广场在面积不变的情况下，健身功能却得到了最大限度的发挥，真正提高了政府决策的合理性。

第一，促进了中央空地的合理化利用。C县体育局原计划在ZY休闲健身广场的中央空地修建人工草坪，但是在第一轮设计方案公布后，有部分公民在现场咨询的过程中反映人工草坪利用率不高，改造成羽毛球场或乒乓球场更能够满足群众健身的需要。C县体育局最终采纳了公民的建议，根据公民自主投票的结果在广场的中央空地修建了6块羽毛球场地。第二，促进了塑胶跑道的合理化利用。受使用面积的限制，该休闲广场只能建成环形200米的跑道，在LM等体育局领导主动向公民征询意见的过程中，ZY中学的教师以及部分广场舞爱好者建议将ZY休闲健身广场一侧的塑胶跑道延伸成100米的跑道，并将该休闲广场的灯光安置在100米跑道的延伸部分。C县体育局采纳了群众的意见并相应修改了设计方案，重新设计后的跑道既可满足ZY中学举行体育比赛的需要，延伸出来的部分还可以供居民跳广场舞使用。同时，广场一侧的灯光既不会对ZY中学造成影响，又可以与广场舞的音响设备共用线路。通过政府和公民的协商合作，目前该休闲广场虽然规模只有北城奥林匹克广场的二分之一，但是利用率及群众的满意度却不亚于北城奥林匹克广场。每当夜幕降临，周边居民纷纷前往ZY休闲健身广场进行跑步、快走、打羽毛球、跳广场舞等多种形式的体育锻炼，为C县营造了良好的群众体育氛围。

在ZY休闲健身广场进行的随机访谈中，有公民表示："我本人是非常喜欢参加体育锻炼的，感觉C县的体育工作还是有明显的进步的，场馆设施明显多了起来，利用率也越来越高。ZY休闲健身广场不但完全对外开放，还能满足多种锻炼需求，只要天气好，周边的居民都来这里锻炼，目前已经成为县城里人气最旺的地方了。"

以LM为代表的政府官员主动向公民赋权以及公民的积极配合，促成了ZY休闲健身广场建设的公民决策参与。对于公民而言，没有政府的积极赋权，就无法实现参与公共决策的实践，这种赋权能提高公民的自信和决策能力，为公共利益的实现达成共识；对于政府而言，没有公民的配合，就无法保证公共决策的科学性和合理性，这种配合增进了民主，提高了公民对政府的信任。对比目前由于县域公民对县域公共体育场馆设施的供给没有话语权，导致县域群众公共体育场馆设施在数量和面积偏小的同时却又出现大量闲置和浪费的状况[1]，该案例更凸显出群众公共体育场馆设施建设在决策过程中引入公民参与的必要性。政府要充分保障公共体育场馆设施建设的科学合理性，就应当在决策过程中真正做到"问需于民"，既方便群众就近参与体育锻炼，又最大化地发挥场馆设施的功能和效益，减少对有限的群众体育资源的浪费，只有这样的场馆设施才是真正的"群众身边的场馆设施"和"群众自己的场馆设施"。

三、实现体育服务合作供给

公民在公共服务中的共同生产、共同提供和自愿供给[2]，是公民参与公共事务治理的主要方式，相较于公民的诉求表达和相关公共决策中的协商

---

[1] 舒宗礼，王华倬，夏贵霞. 新型城镇化背景下我国县域公共体育场馆配置研究[J]. 上海体育学院学报，2017，41（1）：18-24.

[2] 陈振明. 公共服务导论[M]. 北京：北京大学出版社，2011：234-235.

合作，这是一种更为积极、深度的公民参与，这种形式的参与能使公民高度嵌入群众体育治理网络中，凸显其在治理网络中的主体性地位。在政府提供的公共体育服务不能满足群众多元化体育需求的情况下，近年来C县群众体育治理的实践中，涌现出一批公民与政府合作供给体育服务的案例，有效地缓解了体育行政部门的资源困境。

第一，自愿为群众体育发展投入物质资源。如C县的老年活动中心建成后，由于政府后续资金的缺乏，C县一私企老板，一次性捐赠资金58000元为老年活动中心添置各种体育设备。C县的YM镇于2016年新建的风雨篮球场，总费用为34万元左右，除去农民健身工程下拨的8万元以外，剩余的资金全部由当地居民自愿捐赠。

第二，自愿为群众体育发展投入人力资源。部分行政村村民在农民健身工程修建的过程中自愿义务劳动并参与农民健身工程的维护和管理；2017年C县举办的 Y岭万人徒步大赛中，有300多名群众自愿报名，协助体育局和赛事承办公司圆满地完成了与赛事相关的志愿服务工作，减轻了政府的压力；部分体育社会指导员和体育爱好者基于对体育事业的热爱，长期义务为群众提供体育锻炼方面的指导和服务，如C县文化局退休干部LG先生，在C县民族传统体育项目三节龙濒临失传的情况下，20多年以来致力于该项目的传承和保护，义务培育了多名三节龙的传承人，体现出了可贵的志愿精神。

案例6：

公共体育服务合作供给——GT镇农民体育广场的共建、共治、共享模式

2015年，C县在《创建全国全民健身公共服务体系示范县实施方案》中提出，为了统筹城乡体育事业的发展，为农村开展群众性体育活动提供平台，从2015年至2020年，要安排辖区内的六镇三乡建设包括一个200米的塑胶跑道田径场、2套乒乓球台和1个标准羽毛球场在内的农民体育广场工程。作为C县首批建设的农民体育广场项目之一，GT镇农民体育广场形成了由县体育局、镇政府和公民共建、共治、共享的模式（图5-2），实现了公共体育服务的合作供给。

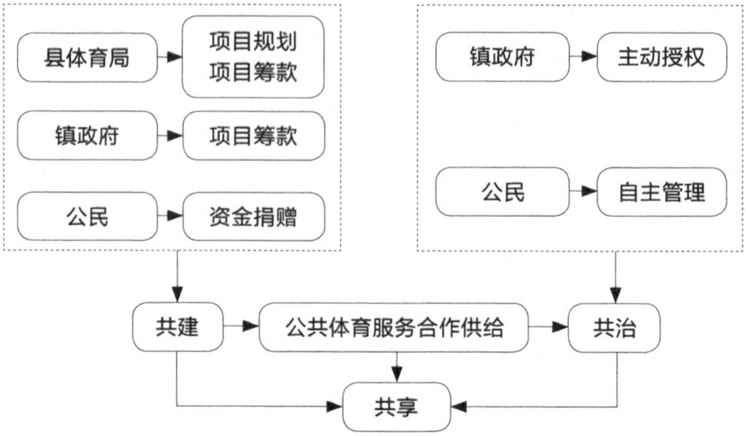

图5-2　GT镇农民体育广场的共建、共治、共享模式

第一，项目共建。根据C县农民健身广场的项目建设方案，GT镇农民体育广场预算200万元左右，除去中央彩票公益金补助地方建设农民体育工程项目资金、县财政划拨资金以外，还需要GT镇自筹资金100万元左右。在镇财政相对困难的情况下，GT镇居民、C县工商个体协会副会长W先生个人带头捐赠了5万元资金，并发动当地群众为农民体育广场的建设开展捐赠，弥补了自筹资金的缺口。

第二，项目共治。GT镇农民体育广场项目建设完成后，成为C县公共体育场馆设施建设的样板工程，然而在县体育局和镇政府人力资源匮乏的情况下，广场的日常开放和维护面临着一定的困境，建成几个月后仍未投入使用。在健身广场面临闲置的情况下，该镇居民X先生主动向镇政府提出，由他组织3名文体积极分子管理镇文体中心，轮流负责GT镇农民体育广场的开放、管理和维护工作。X先生等公民的要求很快得到了镇政府的回应，在与县体育局负责该镇农民体育工程督查工作的WB老师商议后，镇政府决定授权X先生等GT镇公民自主管理农民体育广场，并决定向该广场附近的流动摊贩适当收取卫生费，为这些志愿者象征性地发放补贴，场地器材维修费用则由体育局和镇政府支付。在县体育局、镇政府和当地公民的合作下，目前该镇农民体育广场管理有序，场馆设施均得到了较好的维护，前来参加体育锻炼的群众均能自觉遵守体育广场的各项规章制度，也有越来越多的群众表示愿意参与文体中心的管理工作。

第三，项目共享。建成三年以来，该体育广场坚持每日对周边群众开放，利用率极高，吸引了周边各行政村的村民前来参与体育锻炼，成为GT镇一道靓丽的风景。在调研的过程中发现，无论是C县体育局的领导还是普通的工作人员，提起GT镇农民体育广场都是赞不绝口。目前，县体育局将GT镇树立为C县群众体育工作的一面旗帜，无论是上级领导还是专家学者，来C县考察群众体育工作必来GT镇。

以W先生、X先生为代表的C县公民，为农民体育广场共建、共治、共享的实现做出了较大的贡献。谈到参与农民体育广场的管理，X先生很有感慨："其实我也只是为群众做了一些很微薄的事情。我认为一个人不能只追求个人利益而不注重社会效益，我们这个年代的人就是这样的，奉献精神不能去掉。现在生活越来越好了，我觉得有钱不一定幸福，社会和谐、家庭幸福、身体健康才是最大的幸福，所以我希望富裕起来的群众多锻炼身体，少打牌。我们镇的农民体育广场很好，周边的县都很难找到这么好的场地，就应该好好地管理和利用起来。"

农村体育是县域群众体育治理的重点和难点，物质资源和人力资源的匮乏容易导致农村公共体育服务供给的政府失灵。然而可喜的是，村落文化有时会孕育出一种"能管事"且"有办法"的人物，这种人物一旦产生，就有能力认识群众的共同利益，并带领大家去实现这种共同利益[1]。浓厚的宗族和故土观念，使得GT镇的部分地方精英以强烈的社会责任感和对体育事业的高度热忱，自愿带领公民为群众体育的发展筹集物质和人力资源，以弥补政府公共体育服务的不足，这种公民与政府主动合作提供公共体育服务的行为为GT镇的群众体育工作打开了新的局面。对此，LM副局长评价说："这就是GT镇和C县其他乡镇不一样的地方。"该案例充分说明，在公共体育服务的很多领域，公民和政府合作更有助于公共体育服务的有效

[1]　曹锦清. 黄河边的中国：一个学者对乡村社会的观察与思考[M]. 上海：上海文艺出版社，2013：114.

提供[1]。对C县多个乡镇的实地调研发现，越是公民能积极主动协助政府修建和管理公共体育场馆设施、开展群众体育赛事活动及体育锻炼指导的乡镇和村庄，公共体育场馆设施的利用率越高，群众体育赛事活动越丰富、群众体育的氛围越好。对于公民自身而言，其通过为群众体育发展提供无偿性的捐赠、自发地承担群众体育公共事务，既能在参与公共生活的过程中习得公民精神，又能积累一定的社会资源；对于政府而言，公民自愿提供公共体育服务，既能提高政府公共体育服务的效率，又能在一定程度上缓解政府在公共服务提供方面的资源困境。而面对群众体育领域内公民精神的不断提升，政府的主动放权和有效激励则显得尤为重要。

第三节　“政民合作”的局限性

随着县域群众多元化体育需求的日益增长，传统的排斥公民参与的政府单一主导模式已经不能适应县域群众体育发展的需要。以上案例充分说明，县级体育行政部门允许和鼓励公民参与公共体育决策、自主提供公共体育服务，可以促进公民的独立性、创造力和影响力在一定程度上有效发挥，提高县域群众体育治理的绩效。然而，我们也必须看到，公民参与县域群众体育治理的现实仍然存在很多复杂的情况，尽管国家主张通过公民参与社会公共事务以反映民意、维护公民的基本权利，但是从总体上讲，公民的参与和政府的权威之间仍然存在一种必然的“紧张关系”，在C县群众体育治理中，还普遍存在着公民参与失灵的现象。

一、思维固化：政府工作人员对公民参与的排斥

政府工作人员既是公民参与的政策执行者，也是公民参与的推动者，政府及其官员和公民个体力量在公民参与的进程中相互依存，共同影响参与

[1] 汪锦军. 公共服务中的公民参与模式分析[J]. 政治学研究，2011（4）：51-58.

行动的进程及其结果[1]。因此，政府工作人员对公民参与的认知，直接决定着公民参与的程度。从调研的情况来看，目前，尽管C县体育局为公民参与搭建了平台，个别部门领导在实际工作中表现出了对公民参与的重视，但是从总体上来看，大部分工作人员对公民参与的认知还存在一定的“思维固化”，形成了对公民参与的排斥。

（一）权力运作的“惯性”

作为上级政府各项政策的重要执行者，我国县域的行政管理制度长期以来具备较强的封闭性，主要围绕贯彻上级政府自上而下的行政命令运作，自下而上的社会参与和利益表达功能却严重弱化，县域治理中民众被对象化和客体化[2]。这种现象在县域群众体育公共事务的运行中也表现得比较突出，自上而下的思维定式导致计划经济时期政府权力过于集中造成的“官本位”[3]意识在体育行政部门仍普遍存在。虽然公民的参与能显著提高群众体育治理的绩效，但是由于公民参与打破了体育行政部门的自由裁量权，因此，体育行政部门的工作人员普遍对公民参与存在排斥心理，仍旧习惯于通过下达指令的方式来对群众体育公共事务进行安排。在访谈中，当问及对公民参与的看法时，C县体育局部分工作人员表示“很难实现”或者“没有太大的必要”，他们认为公共体育服务的供给是政府提供给群众的“福利”，群众接受政府的安排即可，没必要和政府“讨价还价”。县体育局工作人员WB在访谈时提道：

群众体育活动不容易组织，不像以前那样群众一呼百应了。我们给群众发衣服、鞋子请他们来参加活动，但他们仍有诸多怨言。我觉得，以后搞活动，最好的办法是由县委、县政府直接下发红头文件，给各个单位分配任务，由他们去组织。

---

[1] 孙柏瑛. 我国公民有序参与：语境、分歧与共识[J]. 中国人民大学学报，2009，23（1）：65-71.

[2] 海贝勒，舒耕德. 主动的地方政治：作为战略群体的县乡干部[M]. 刘承礼，等译. 北京：中央编译出版社，2013：272-287.

[3] 陈芳，陈振明. 当代中国地方治理中的公民参与：历程、现状与前景[J]. 东南学术，2008（4）：111-120.

（二）对行政效率的追求

对行政效率的追求也是导致政府行政人员排斥公民参与的重要因素。基层地方政府工作人员往往对公民参与怀有矛盾情绪，他们认为公共事务领域的公民参与会增加无效率现象，因为参与会造成管理迟滞和繁文缛节等负面效果[1]，以及行政决策及行政运行成本的增加。虽然从理论上讲，公民参与有利于政府公共体育决策的科学化、合理化，有利于县域群众多元化体育需求的有效满足，但是县级体育行政部门处于我国体育政策执行通道的最基层，面临着人员少、任务重的困境。对于基层体育行政部门的工作人员而言，公民反映体育需求、参与决策的过程使原本简单化、程序化的工作变得更为复杂，增加了他们工作的难度和强度，甚至对他们的正常工作秩序造成了一定程度的干扰，因此他们更倾向于将自己的工作过程保持在公众的视野之外，而采用习以为常的管控、指挥等传统的管理方式[2]。对此，县体育局工作人员H直言道：

群众可能会觉得我们一天到晚坐在办公室很轻松，其实哪有想象地那么容易？局里主要领导的工作就是天天开会，天天忙着接待，我们几个人除了应付日常工作以外，每周五下午要去参加创建卫生城的活动，打扫公共区域的卫生，每周六要下乡去定点扶贫，这还不包括县里派下来的其他中心工作。我们能够完成基本任务就已竭尽全力。局里有好几位老师马上要退休了，对他们来说，每天能够按规定的时间正常上下班就不错了。

（三）对公民参与能力的不信任

除了以上两个因素以外，信任的缺失被认为是限制公民参与发展过程中最大的障碍之一，部分基层政府工作人员对公民的参与能力表示怀疑，认为和政府工作人员相比，普通公民不具备全局意识和较强的专业知识能力，也缺乏和政府协商合作的经验，因此公民的参与不但不能提高还有可能降低公共体育服务供给的效率。对此，C县体育局的C局长在访谈中坦言：

---

[1] 王巍，牛美丽. 公民参与[M]. 北京：中国人民大学出版社，2009.

[2] 孙柏瑛. 我国公民有序参与：语境、分歧与共识[J]. 中国人民大学学报，2009，23（1）：65-71.

让公民反映诉求、参与决策自然是好事情，但是理想和现实之间是存在差距的。今年上半年县人大常委会在乡镇进行体育工作专题调研的时候，群众反映了不少意见，但是这些意见大多数是微观方面的，对个人意见和局部利益考虑得比较多，有很多问题政府没有精力也没有能力去解决。

总之，从调研的情况来看，出于权力运作的惯性、对行政效率的追求以及对公民参与能力的不信任，除了个别对自身的政绩有所追求的部门领导外，C县体育局的大部分工作人员都对公民参与存在一定的排斥心理，对于他们而言，其工作的职责就是在规定的时间节点完成上级领导布置的工作任务，而如何引入公民参与却并不是他们需要重点考虑的问题。

二、实践宽松：政府对公民参与制度的变通执行

健全的制度是实现公民参与的重要保障。从总体上讲，我国宪法、党的纲领性文件都认可公民参与的重要性，C县县级政府也通过政府工作报告、领导人讲话、地方性行政法规对公民参与社会公共事务提出了相应的要求，也制定了一些探索性的文件，为公民参与群众体育治理提供了地方性的制度环境，对辖区内各职能部门做出了相应的要求。但这些多是一些原则性的笼统规定，缺乏相关的配套制度和实际的具有可操作性的设计。因此，尽管县级体育行政部门对公民参与的策略选择会受制于县级政府的相关制度和文件，但是由于这种制度环境带有鲜明的“制度明确、实践宽松”[1]的特点，县级体育行政部门往往会利用这些制度的“软约束”而选择“变通执行”，导致公民参与群众体育治理的实践存在一定的“形式化”特征。

（一）信息公开的形式化

根据《C县政府信息公开规定（暂行）》的规定，C县体育局对群众体育公共事务的相关信息在C县人民政府的网站上进行了公布，但是从信息公

[1] 黄晓春. 当代中国社会组织的制度环境与发展[J]. 中国社会科学，2015（9）：146-164.

开的内容来看，C县体育局对群众体育公共事务的信息公开拥有较大的自由裁量权，信息的公开还存在着不全面、不深入等现象，形式化比较突出。以2016年度C县体育局信息公开为例，涉及群众体育公共事务的49条信息，基本都是结果性的信息和决策后的信息，其中有23条是关于群众体育赛事、培训开展的通知，剩余的26条主要包括国家颁布的相关政策文件、群众公共体育场馆设施的施工进度，以及地方领导人的讲话，公民无从得知群众体育治理过程中的实质性和关键性的信息。据C县体育局的相关工作人员反映，目前也没有出现一例公民在C县人民政府政务平台上主动要求C县体育局公开相关信息的情况。

（二）网络民意调查的形式化

2017年2月，C县体育局通过人民政府网站设置的公民参与板块，推出了C县全民健身运动问卷调查活动，调查时间为2017年2—5月。从问卷设计的内容来看，6个封闭式问题难以真实反映公民对群众体育的诉求和意见，据C县体育局的工作人员反映，该问卷调查推出以后，填写问卷的公民寥寥可数，该调查不但不能真实有效地表达群众的体育需求，也难以为政府公共体育服务的改进带来实质性的影响。

（三）公民决策参与的形式化

真正的公民决策参与意味着从议题确定到决策产生的整个过程都应当有公民的参与，议题确定后的参与只是一种形式化的参与，因此，在决策出台以前，公民应当有机会发表自己的意见。然而，从C县公民参与群众体育治理的实践来看，公民决策参与的面还不广，程度也不够深，无论是群众体育规划和政策的制定，还是群众体育赛事活动的举办，绝大部分的决策都是由政府单方面制定以后才向社会进行公示，即便是在部分决策制定的过程中能主动征求公民意见，但是公民的意见能否被纳入决策制定的范围还值得商榷。以《C县体育事业“十三五”发展规划》的制定为例，尽管该规划特别强调了公民参与的重要性，但是事实上，C县体育局在制定该规划的过程中并未通过调研广泛征求群众的意见，据负责起草该规划的YH

反映，该规划的制定主要是按照上级政府规划的模式，根据体育局相关领导的意见来撰写的，初稿撰写完以后，请国内某大学的专家做了一番修改。因此，作为C县未来五年体育事业发展的纲领性文件，该规划只能单方面反映政府的意图，而广大的县域公民仍然被隔绝在公共体育事务重要决策之外。

三、因人成事：政府对个案创新缺乏持续关注

思维的固化使得大部分县级体育部门行政人员对公民参与持排斥态度，而制度的模糊性又导致公民参与实践的形式化，县级体育行政部门的工作人员对公民参与群众体育治理的相关政策执行拥有较大的自由裁量权。因此，从整体上来看，公民参与C县群众体育治理的实践还存在明显的“因人成事”的“个案性”特征。在某种程度上，公民能否真实地与政府协商合作并分享一定的权利，完全取决于个别部门领导自身的行政理念以及对公民参与的理解能力，而并非制度上的硬性规定。正如部分学者所言，公民参与开展与否要靠政府领导的“觉悟”，而不是依靠法律规定程序，让其成为政府部门的责任和义务[1]。强化公民参与意味着给公众共享决策和问责政府的权利，而在现有的政治体制下，这一权利的赋予职能依靠部分政府官员的自觉甚至是恩赐[2]。

总体而言，在ZY休闲健身广场建设过程中，县体育局主动吸纳公民参与决策性的案例，在某种程度上只能说是个别部门领导的一种临时性的行为，而并非是一种制度性的安排，表现出强烈的“就事论事”的个案特征[3]，因此，尽管这种案例呈现出了较多的亮点，但是在缺乏明确的制度约束的情况下，一旦相关部门领导出现工作或者职务上的变动，这一类的案例就难以具备持续性和可推广性。LM副局长在访谈中谈道：

---

[1]　蔡定剑. 民主是一种现代生活[M]. 北京：社会科学文献出版社，2010：199.

[2]　周志忍. 政府绩效评估中的公民参与：我国的实践历程与前景[J]. 中国行政管理，2008（1）：111-118.

[3]　李倩，严强. 县级政府公共政策执行中公民参与的逻辑与路径[J]. 南京社会科学，2015（1）：107-113.

我来体育局工作前，当了十几年中学教师，很热爱体育工作，应该也能算是一个爱思考的人，总想为C县的体育工作做点有意义的事情。我曾经读过一本书，对我启发很大。书中讲道，市政部门在修路的时候，道路的设计原则竟然是“走的人多了，也就成了路”，这充分说明以人为本的重要性。作为ZY休闲健身广场改造工程的负责人，我就是秉承着这种理念去征求群众意见的，虽然并没有哪项制度规定我必须这样做。目前对于将要建设的场馆设施，虽然体育局也对外公示了，但是如不真正听取群众的意见，项目科学性和合理性就难以保证。

可见，尽管“公民参与”一词频繁地出现在C县党委、政府颁布的各项政策文件中，在具体的案例中，公民参与也确实能显著提高县域群众体育治理的绩效，但是在个案结束后C县体育局并没有对这些创新的举措给予持续的关注，也没有给予相关创新人员一定的激励，在没有形成明确的制度保障的情况下，这些个案的可推广性和可复制性有限。

四、意识淡漠：公民参与的公共精神普遍缺乏

公共精神是指良治国家不仅要依靠法律维持，更需要依靠大众社会的公民德性，即公民的公共精神[1]。公民参与基于行动主义，强调参与者具备一定的公共精神。托克维尔认为，美国社会所孕育的公民精神，是它们强大起来的决定性因素。帕特南也认为，一个地区的公共精神越强烈，地区政府的绩效越高[2]。然而公民参与C县群众体育治理的实践受多种因素的影响，公民维护公共体育利益的意识淡漠，在参与中的“公共精神”普遍缺乏。

第一，“搭便车”的现象普遍存在。一方面，在公民参与没有形成制度化机制且参与渠道不畅的情况下，公民参与的收益难以得到有效的保障；另一方面，群众体育公共事务具备较强的公共属性，以群众体育利益诉求表达为例，一部分人在进行群众体育利益诉求表达时，没有参与诉求表达

[1] 张国庆，王华. 公共精神与公共利益：新时期中国构建服务型政府的价值依归[J]. 天津社会科学，2010（1）：59-65.

[2] 帕特南. 使民主运转起来：现代意大利的公民传统[M]. 北京：中国人民大学出版社，2015：104.

的那部分人同样可以享受到其他人参与表达所带来的收益。基于以上两个原因，部分公民出于对成本和收益的衡量，会选择不主动承担维护公共体育利益的社会责任，而是将维护公共体育利益的希望寄托在他人身上，期待通过“搭便车”的行为来以较低的成本甚至是零成本来获得自身利益的实现[1]，对公共体育利益持冷漠态度。他们认为，公共体育利益不会因为个人的参与而产生实质性的变化，而公共体育利益的损害也不仅仅是某一个人受到损害，所以，是否参与群众体育治理，对公共体育事务是否抱有足够的热情，对个人的体育利益并不会造成太大的影响。在C县调研的过程中，笔者曾在奥林匹克广场对参加体育锻炼的群众进行随机访谈，问及对群众体育需求诉求表达的态度时，有一部分群众认为：

我们人微言轻，反映意见也起不到什么作用，政府部门做出的决定我们普通老百姓能有发言权吗？那么多有能力的人，多我一个，少我一个，应该不会有什么影响。

这些事情反正总会有人去做的，比如人大代表、政府干部等，谁愿意去谁去嘛，我们是普通老百姓，就没有必要去掺和这些事情了。

第二，部分公民参与的功利性比较强。虽然县域居民参与体育锻炼的积极性不断提高，但是大部分公民只有在当群众体育公共事务与自己的利益密切相关时，才给予高度关注，当群众体育公共事务与自己的利益关系不大时，参与的热情就不高，甚至存在部分公民为了满足个人的利益而损害公共体育利益的情况。在C县调研期间，恰逢体育局的工作人员对C县18个乡镇中的7个乡镇开展农民健身工程的督查工作，笔者在跟随体育局的工作人员下乡调研的过程中，发现部分农民健身工程管理维护不力，场地荒废，有的被挪作他用，有的甚至荒草丛生。公民对公共体育利益的忽视，导致C县的部分农民健身工程项目出现了运行不畅的现象。对此， C县体育局的WP表示：

并不是所有的农民健身工程项目的建设都能够像S乡SZ村一样顺利推进，在负责修建农民健身工程项目的过程中，出现了很多麻烦事，有一些

[1] 张杰. 我国公共服务创新中公民参与的价值及路径研究[D]. 长春：吉林大学，2009.

村的村干部来体育局申请项目支持，申请成功后却出现村民不配合的现象。一是村民普遍对土地十分看重，谁都不愿意让出自己家的土地来修建农民健身工程项目；二是部分村民不愿意出钱，总是指望经济条件好的人多出一些；三是部分村民不愿意出力，只想坐享其成。农民健身工程项目建成以后，村民用篮球场晒稻谷、存放建筑材料的情况很常见，有些村的农民健身工程项目建成没多久就损坏严重。他们就没有意识到，这属于民生工程，建好以后他们是受益者。

公民共同体的公民期望得到更好的政府服务。他们得到了，这是他们自己努力的结果。他们需要更有效的公共服务，他们准备为了实现共同的目标而采取集体行动。而在公共精神较差的地区，人们更多地扮演离心离德、玩世不恭的角色，他们不是在参与，而是在乞求[1]。在县域体育治理的过程中，公民公共精神的缺乏，不但影响了政府公共体育服务供给的效率，也损害了公民自身的公共体育利益。

五、无序参与：公民参与的渠道不畅通

县人民代表大会、政治协商会议、村（居）委会、社会组织是县域公民表达利益诉求、参与社会公共事务治理的重要渠道。通过以上制度化的渠道参与县域群众体育治理，不但可以改变公民个体参与的无序性，还可以发挥相关组织维护公民体育利益、监督政府行为、组织公民参与公共体育服务提供等方面的作用。通过上文的描述我们得知，在C县，随着公民体育意识的不断觉醒，公民开始通过以上渠道参与群众体育治理，公民参与群众体育治理的制度化渠道不断发挥作用。但是，从整体上来看，以上渠道在公民参与县域群众体育治理中的作用发挥得还不明显，导致公民参与县域群众体育治理的“无序性”。

[1] 帕特南. 使民主运转起来：现代意大利的公民传统[M]. 北京：中国人民大学出版社，2015：213.

（一）县人民代表大会和政治协商会议的“行政化”

由于县域治理结构功能的混合化，县一层的党委、行政、人大、政协的职责并不清晰，县域治理的核心行动者将全部的政治精英和政治结构都动员到行政过程中，对县域治理进行非制度化的行政整合，出现“政治行政化”的特点[1]。被动员到行政过程中的人大、政协通常被看作是县域各机构中的弱势部门，主要围绕着自上而下的行政任务而运作，与政府之间的关系更趋于“合作”而非分权，其职能能否履行高度依赖于县域治理核心行动者的支持力度[2]。这种“合作”关系直接导致了人大、政协的工作重心并不在于提高其自下而上的表达功能，而是服务于地方中心工作的需要。一方面，人大、政协对地方经济发展的重视往往超过对体育事业等公共服务领域的关注，县域群众体育工作较难成为人大、政协关注的焦点，对群众的体育需求难以产生持续的关注；另一方面，由于人大、政协自身法定的权力难以实现，自下而上的表达功能和监督功能受到限制，对政府机构难以产生实际的影响力，对公共体育政策的制定影响不大。对此，C县人大常委会GH副主任也坦言：

体育局在县里面属于弱势部门，目前很难改变这种事实，我认为基层群众体育工作目前面临的最大的问题还是资金比较缺乏，这方面还是由县里主要领导决定。今年我们之所以开展体育工作的专项调研，主要是因为县里这几年在创建全国全民健身公共体育服务示范县，实际上这么多年以来，专门针对体育工作进行调研的机会并不多，在其他的县估计也不多见。群众的意见收集上来以后，我们会形成专题报告，要求政府进行整改，但至于政府最后整改成什么样子，还是要看党政一把手的意思。

（二）村（居）委会的“行政化”

根据《中华人民共和国村民委员会组织法》《中华人民共和国城市居民

---

[1] 樊红敏. 政治行政化：县域治理的结构化逻辑：一把手日常行为的视角[J]. 经济社会体制比较，2013（1）：107-117.

[2] 郁建兴，高翔. 地方发展型政府的行为逻辑及制度基础[J]. 中国社会科学，2012（5）：95-112.

委员会组织法》的规定，村（居）委会是不拥有也不能行使国家公共权力的非政府机构，作为我国基层的群众自治性组织，村（居）委会应当是公民向政府反映群众体育诉求、开展群众体育公共事务自治的重要渠道。但是在当代中国，一个有目共睹的事实是，“两委”在实际运转中早已脱离其基层自治组织的法理属性，褪变为国家政权的末梢环节，扮演着国家代理人的“准政府”角色[1]。作为上级政府各项职能的延伸工具，村（居）委会承担了较多上级政府派发下来的诸如经济发展、社会管理、公共服务等方方面面的工作任务，面对各项繁杂的工作，涉及治安维稳、计划生育、经济发展等“硬指标”的任务往往成为（村）居委会的核心工作，而公共体育服务作为“软指标”任务的一类则通常不太受重视。特别是在广大的农村，在水利设施、医疗、道路交通、教育等关系到农民生计的大事没有解决的前提下，见效慢、期限长的农村公共体育服务自然被边缘化，农民的体育利益诉求也容易被忽视[2]，因此，面对群众日益增长的体育需求，村（居）委会通常采取忽视的态度。虽然也有部分村（居）委会开始逐渐重视群众的体育利益诉求，但是由于村（居）委会既没有任何法定的强制性权力，也缺乏相应的财政来源，只能采取层层上报的形式向上级政府反映，而通常情况下，公民的体育利益诉求能否得到上级政府的回应，在很大程度上取决于村（居）委会的干部向上级政府“跑项目”的能力。C县体育局WP在谈到SZ村的案例时说：

别看SZ村很偏僻，但是他们的村主任非常得力，对于任何项目都想申请，不像现在很多村干部，完全不作为。对于农民健身工程，他们还嫌麻烦。SZ村村主任自己本身就是县人大代表，他向我们反映的意见，我们还是要予以认真考虑的。

---

[1] 杨爱平，余雁鸿. 选择性应付：社区居委会行动逻辑的组织分析：以G市L社区为例[J]. 社会学研究，2014（4）：105-126.

[2] 胡庆山，王健. 农村体育公共服务供给的价值审思与现实困境[J]. 上海体育学院学报，2014，38（4）：20-24，30.

（三）体育社会组织的“工具化”

如第二章所述，体育社会组织本应是代表公民反映体育利益诉求、影响政府公共体育政策的重要渠道，但是，在C县的体育社会组织中，除了个别拥有特殊资源的体育社会组织能对政府形成一定的影响力外，大部分的体育社会组织由于自身独立性、自主性和公共性缺失等问题，在县域群众体育治理体系中的主要功能在于协助体育行政部门提供公共体育服务，被“工具化”的体育社会组织难以成为公民参与县域群众体育治理的渠道。

六、精英参与：公民参与的能力不平衡

当代美国政治学家加布里埃尔·A.阿尔蒙德构建的公民文化体系将公民分为狭隘观念者（村民或地域民）、顺从者（臣民）和参与者三种类型[1]。从C县公民参与县域群众体育治理的实践来看，受经济水平、受教育程度和对体育事业的爱好程度等因素的影响，公民参与县域群众体育治理的能力呈现出明显的不平衡，具有典型的“精英化”参与的特征。

在C县，以GT镇X先生为代表的部分公民对群众体育公共事务表现出了一定的热情，他们不但能够积极反映群众体育诉求，还能主动协助政府提供公共体育服务，体现出了可贵的公共精神。调研发现，能积极参与县域群众体育治理的公民，主要包括那些在政治和经济上有一定话语权的“地方精英”，如在市场经济浪潮中先富起来的本地企业家、县乡镇各部门的机关干部以及村（居）委会的负责人。而这些“地方精英”之所以能在县域群众体育治理中形成一定影响力，并获得政府高度认同，主要基于以下几个原因。第一，这些“地方精英”能认识到体育锻炼的重要性，对体育事业充满热情。第二，这些“地方精英”往往拥有较丰富的社会资源，在县域的社会地位较高，能灵活地运用私人接触的方式和地方政府工作人员对话，从而在一定程度上影响政府的决策和资源配置。第三，在宗族意识

[1] 张钦朋. 阿尔蒙德公民文化理论述评[J]. 内蒙古大学学报（哲学社会科学版），2010，42（4）：68-73.

较为强烈的C县，这些“地方精英”非常注重通过为当地老百姓做实事来回报群众，从而获得群众的认同和支持。在以上因素的影响下，“地方精英”参与县域群众体育治理的过程体现出了积极的公民精神，为满足县域群众多元化的体育需求做出了一定的贡献。

然而与“地方精英”的积极参与形成鲜明对比的是，C县大部分公民对群众体育公共事务的参与不尽如人意，特别是占县域人口绝大部分的农村群众，对群众体育公共事务关注度不高，参与的积极性也受到了一定的限制。一方面，受经济发展水平的限制，来自经济水平发展较差乡镇的公民对直接有助于生产和生存的公共产品，如土地、道路交通、医疗卫生的要求比较强烈，但是对和生存、生产无关的群众体育公共事务则持漠然的态度[1]；另一方面，由于受教育程度和经济条件的限制，大部分的农村公民长期以来对政府处于被动服从的状态，他们对公民参与的认知匮乏，不善于表达自己的利益诉求，也没有经济能力参与到公共体育服务的供给中来。

经济地位、政治地位、体育参与意识的不平衡，不但导致了“地方精英”和普通公民参与能力的不平衡，也导致了不同的乡镇公民参与能力的不平衡。在公民参与缺乏普遍性的情况下，受宗族、血缘等因素的影响，“地方精英”的参与也不可避免地存在一定的局限性，由于对县域群众的整体体育利益缺乏考虑，部分“地方精英”常常利用自己拥有的社会资本影响县域体育资源的配置，可能导致公共体育资源分配的不平衡，形成了县域群众体育治理中的“马太效应”，对C县群众体育治理的整体绩效造成了影响。对此，C县体育局的工作人员大都认为，C县各乡镇群众体育活动的氛围存在较大的差距，同样的工作在不同的乡镇开展的时候，群众拥护的程度、参与的程度都存在较大的差异性，LM在访谈的时候谈道：

同样的工作，YM镇和GT镇明显比其他的乡镇开展得更好，这两个乡镇钨矿资源丰富，群众生活比较富裕，C县的大部分民营企业家都来自这两个地方。以GT镇为例，C县的钨矿企业负责人基本来自这个镇。在这些

[1] 谈智武，曹庆荣，王冬冬，等. 农村体育公共产品需求表达机制研究[J]. 西安体育学院学报，2011，28（2）：151-155.

“地方精英”的推动下，两个镇不但场馆设施配备齐全，群众体育气氛也非常好，对政府的工作比较支持和配合。这两个乡镇的文体中心，除了政府的拨款，不足部分都是由群众自行解决的，“地方精英”主动带头捐助，在当地有一定经济能力的人都不好意思不出了，最少的也出了1000元，在他们的号召下，群众公共体育场馆设施管理也非常完善。当然，他们也有一定的自信和能力，向上能和政府沟通，向下能得到群众的拥护，所以这两个镇基本属于C县的“样板”，其他的乡镇就没有能力做到这个程度。

第四节　公民的“象征性参与”

谢里·阿恩斯坦（Sherry Arnstein）的公众参与阶梯理论，根据在不同的公民参与机制下产生的参与效果差异将公民参与分为“非参与”“象征性参与”和“公民权利”三个层次，其中，“象征性参与”停留在咨询、安抚、告知等阶段，具有一定的形式化特征，公民权利则意味着政府授予公民权利，和公民形成合作伙伴关系，甚至由公民自主管理、自主控制[1]。考虑到公民参与的重要性，对于普通公民而言，民主参与不能停留在虚无缥缈的价值层面，而应当从“非参与”“象征性参与”等层面走向“公民权利”的参与。

C县体育行政部门通过信息沟通、关键公民接触、公民参与决策等方式搭建了公民参与的平台，县域群众体育治理中的公民参与实现了从无到有的转变，公民不再被完全隔绝于群众体育公共事务之外，得到了习得公民精神的机会,创造力和影响力得到了一定程度的发挥，有效提高了县域群众体育治理的绩效。

但是，总体而言，C县群众体育治理中的公民参与还存在着较大局限性。从公民参与的外生视角来看，受认识水平的限制，政府工作人员普遍

[1] ARNSTEIN S R. A ladder of citizen participation[J]. Journal of the American institute of planners, 1969, 35（4）: 216-224.

存在着对公民参与的排斥；基于相关制度的模糊性，政府往往选择变通执行的策略来表示对上级政策的回应；同时，在现有的制度条件下，公民参与县域群众体育治理的实践受部门领导个人执政理念的影响较大，相关个案并没有得到较好的推广。从公民参与的内生视角来看，对公共体育利益的意识淡漠，使得公民参与的公共精神不足；参与渠道的不畅通，导致了公民参与的“无序性”；而公民参与能力的不平衡，又导致公民参与呈现出典型的“精英化”特征。总体而言，当前C县群众体育治理中还存在着公民参与失灵的现象，公民参与还停留在“象征性”参与的层次。

尽管常有基层体育工作人员表现出对公民参与的青睐，公民参与也为县域群众体育治理的绩效带来了积极的回报，但是，囿于公民参与制度安排的复杂性及公民参与能力的限制，政府缺乏对相关个案创新的持续关注。总体而言，C县群众体育治理中的公民参与更多地体现为对上级政策予以回应的一种策略性安排，公民参与就像画在墙上的“馅饼”[1]，成为一种象征性的民主，其在政策回应之外的现实状况仍然有待改善。

---

[1] 张康之. 合作治理是社会治理变革的归宿[J]. 社会科学研究，2012（3）：35-42.

第六章

企业参与C县群众体育治理的实践

引入企业参与县域群众体育治理，实现投资和管理方式的多元化，是优化县域公共体育服务供给的必要途径。本章将重点对C县体育行政部门为引入企业参与县域群众体育治理实行了哪些策略性安排、企业参与能否有效提高县域群众体育治理的绩效、还存在哪些局限性等问题进行探讨和分析。

第一节　政府对企业资源的整合

在县域群众体育治理体系中，企业参与的热情能否得到有效激发，首先取决于政府的行为选择。2015年以来，“创建全国全民健身公共体育服务体系示范县”的目标的提出对C县公共体育服务的供给能力提出了巨大的挑战，在县级政府的支持下，C县体育局开始主动寻求对企业资源的整合，试图通过借助企业的资源以实现自身的治理目标，解决在群众体育公共事务治理中的财政困难及管理低效等问题，为企业通过参与县域群众体育治理提高经济效益和社会效益打开了通道，初步构建了县域群众体育治理中的“政企合作”关系。

一、体育资源的“市场整合”

在全球范围内，公共服务的公私合作供给是当今各国政府改革的重要取向之一。在某些社会效益突出但经济效益不足的公共服务领域，政府通过资金、土地、税收经营权等一系列的激励措施来调动企业的技术和资金，从而为人民群众提供更好的公共服务，既能有效克服政府垄断供给所导致的供给低效率，也能有效避免由私营部门单独供给所产生的公益缺失[1]。因此，通过“公私合作”的模式实现体育资源的“市场整合”，对政府和企业来说是互补共赢和风险共担的过程。C县体育局对这种“市场整合”的策略表现出了较高的积极性，在县级政府的支持下，计划采用多种模式整合企业的资源，部分项目已经进入运营阶段。

（一）BOT模式的引入

BOT（建设—运营—转让）模式是公私合作关系中运用得较为广泛的一种模式，其指导思想是公共服务设施的所有权和经营权分离，企业对项目的筹资、设计、建设及运营承担主要责任，而项目的所有权在协议期满后移交给政府部门，政府和企业共担风险，分享回报[2]。为了尽快实现创建全国公共服务体系示范县的目标，拓宽资金来源的渠道，缓解政府在公共体育场馆设施建设方面的财政压力，C县体育局非常重视以BOT模式引导企业参与公共体育场馆设施建设。2014年12月，C县体育局公布了《创建全国全民健身公共体育服务示范县主要项目表》，对未来五年该县公共体育场馆设施的建设进行了具体的规划和设计，在进入规划的14个项目中，计划将有6个项目采用BOT模式进行建设。

这些项目的顺利实施，不但直接关系到C县创建全国全民健身公共体育服务体系示范县目标的实现，也和C县“十三五”期间大力发展体育旅游产业的规划有着紧密的联系，因此体育局的创建计划得到了县级政府的支持，县级政府在《创建全国全民健身公共体育服务示范县实施方案》中承诺将以上项目的建设用地纳入全县及各乡镇的国民经济和社会发展规划，

[1] 党秀云，杨继红. 公共服务公私合作供给中的困境与对策选择[J]. 教学与研究，2011（12）：37-44.

[2] 格里姆赛，刘易斯. 公私合作伙伴关系：基础设施供给和项目融资的全球革命[M]. 济邦咨询公司，译. 北京：中国人民大学出版社，2008：9.

为项目提供财政资金，并保障项目合作者在项目建成后的管理和运营权。在相关部门的共同努力下，2016年6月，C县第一个以BOT模式建设运营的可拆装式游泳池正式投入运营。在访谈中，体育局C局长对BOT模式的引入表现出了较大的热情：

BOT模式在我们县的基础设施建设领域已经有了一些可以参考的经验，不过Y岭可拆装式游泳池是我们对公共体育服务BOT模式的第一次尝试，公共体育场馆设施增加了，游泳池的消费水平也符合我县的实际，实现了市场化和公益性的结合。我县计划在"十三五"期间加大群众公共体育场馆设施的建设力度，鉴于Y岭游泳池的成功经验，BOT模式还要继续推广。今后，我们还计划将国民体质测试中心、互联网＋智慧体育中的智慧体育公共信息服务平台及智慧体育服务中心以BOT模式交给有资质的企业来建设和运营。

（二）TOT模式的引入

公共体育场馆设施经营与管理的TOT（移交—运营—移交）模式，是指将现有的部分公共体育场馆设施一定期限的经营权，转让给运营方经营管理，根据协议，运营方在约定的期限内通过经营，收回全部投资并获得合理回报，特许经营期满后，运营方再将该场馆交还政府[1]。在我国体育场地面积逐年上升的同时，现有体育场馆的管理和运营的效率普遍不高是当前国内普遍存在的现象，有学者统计，目前我国现有的290万个体育场馆中，有90%实行事业管理，只有不到10%的场馆实行了企业化管理[2]，特别是部分县域集中修建的"一场两馆"，由于县级体育行政部门人力资源不足和管理效率的低下导致了大量的闲置和浪费。对传统的公共体育场馆设施管理模式进行改革，引入企业参与现有公共体育场馆设施的管理和运营，有利于盘活增量，提高县域公共体育场馆设施的利用率。

近年来，在创建全国全民健身公共体育服务示范县目标的驱动下，C

[1]　丁云霞，张林. 两权分离背景下公共体育场馆委托经营管理模式的应用[J]. 北京体育大学学报，2017，40（2）：24-29.

[2]　谭建湘. 大型体育场馆对城市发展的影响[R]. 中国体育产业与城市发展高峰论坛，2017.

县公共体育场馆设施的总量得到了快速的提升，完成了“一场两馆”的项目建设，还新建了灯光篮球场、笼式足球场等小型多样的公共体育场馆设施。公共体育场馆设施的增加一方面有利于C县群众体育事业的快速发展，但同时也不可避免地增加了政府部门在管理运营方面的困难。2017年7月，C县第一个总投资达1400万元的多功能游泳馆竣工，为了使新建的游泳馆服务于全民健身的需要，实现社会效益和经济效益的结合，C县体育局决定采取TOT模式将游泳馆对外委托经营。2017年6月，经过公开竞标，SF游泳管理服务公司被确定为游泳馆的运营管理单位，并于当年实施了游泳馆的试运营。对新建游泳馆采用TOT模式委托给企业运营管理，是C县对群众体育场地实行所有权和经营权两权分离的一次新的探索。在C县体育局举行的一次周工作例会上，C局长重点谈了他对游泳馆对外委托经营的看法：

游泳池的管理风险较大，相对于其他场馆来说，管理成本比较高，算上看门人和救生员，一个游泳池的管理至少要5~6个人吧？局里面总共才7个人，不但人手不够，也没有经验，要管也管不好，我们只能负责监管。

（三）体育赛事服务外包的引入

群众性体育赛事的服务外包是指政府通过公开招标或委托授权的方式，将原来由自己直接提供的赛事服务交给有资质的社会服务机构来完成，以提高赛事的运营效率和专业服务水平[1]。C县从2014年开始依托Y岭国家森林的登山步道举办全国群众登山大赛。该赛事举办以来，每年参加赛事的全国各地群众达2000人以上，不但成为C县打造群众体育“一县一品”过程中的重要品牌赛事，也为带动C县群众参与群众性体育赛事活动营造了良好的氛围。随着赛事规模的不断扩大，体育局在赛事组织方面的压力不断增加，由政府全面负责赛事组织和管理的模式已经不适应该赛事品牌化、专业化发展的需要。为此，C县将2017年度Y岭全国登山大赛的赛事组织通过委托授权的方式外包给具有丰富办赛经验的H公司，体育局则主要负责赛事过程的协调工作和赛事质量的监督工作。全国登山大赛的服务外包是C县

---

[1] 王凯. 我国公共体育赛事的服务外包研究[J]. 体育学刊，2017，24（3）：61-66.

在群众体育赛事领域对“公私合作”模式的首次探索，根据《C县体育事业发展“十三五”规划》提出的规划，C县还将利用自身独特的自然环境优势，力争在未来五年采取服务外包的形式，打造全国性的公路自行车赛和山地马拉松赛事。

二、体育资源的“公益整合”

（一）公共体育场馆设施资源的“公益整合”

第一，鼓励企业捐建群众公共体育场馆设施。在《创建全国全民健身公共体育服务示范县主要项目表》的14个项目中，有两个项目计划采取政府财政投入和企业捐赠的方式整合资源。同时，C县的乡镇政府、村委会也鼓励企业以公益的方式补充政府在社区健身场地、乡镇文体中心和农民健身工程修建过程中的资金不足。C县采取了以下政策措施以调动企业捐建群众公共体育场馆设施的积极性：首先，对捐资修建群众公共体育场馆设施的企业，给予优先承租相关场馆设施的权利；其次，赋予捐资企业命名相关群众公共体育场馆设施的权利；最后，企业通过县慈善总会进行的资金捐赠，将在税收等方面享受一定的优惠政策。

第二，支持企业公共体育场馆设施对外开放。除了公共性的群众公共体育场馆设施，在我国还存在着大量的“企事业单位场馆设施”，根据国家体育总局于2014年12月公布的第六次全国体育场地普查数据公报，全国体育场地按单位分布，由各类企业管理的场地数量占比达8.38%，面积占比达21.11%。为了充分利用企业现有的公共体育场馆设施，改变企业公共体育场馆设施只对内部员工开放的传统观念，C县体育局制定的《C县体育事业发展“十三五”规划》和《C县全民健身计划（2016—2020年）》明确提出：“要推动机关、学校、企业的公共体育场馆设施对外开放，力争在2020年，全县企事业单位的公共体育场馆设施向公众开放率达到90%以上。”为了和企业形成良好的合作关系，C县体育局对县域内公共体育场馆设施开放率较高，群众体育活动开展得较好的企业，在企业公共体育场馆设施的建设、维护等方面给予了一定的扶持。如2016年，C县体育局采取企业负责提供场地、体育局负责提供器材的方式，与公共体育场馆设施开放率较高的YS钨业和ZY钨业两家民营企业合作修建了篮球场。

（二）群众体育赛事活动的“公益整合”

第一，鼓励企业赞助群众体育赛事活动。赛事活动的赞助能在一定程度上缓解政府的财政困难，也能为企业带来一定的社会效益，提高群众对赛事的满意度。近年来，C县体育局逐渐改变了群众性体育赛事应该由政府独家出资的传统观念，无论是大型的全民健身运动会还是各种小型多样的群众性体育赛事，均采用政府出资加企业赞助的模式进行。为了提高企业赞助赛事活动的积极性，体育局不但为赞助赛事的企业提供冠名，允许企业在赛事场地进行商业宣传，同时也邀请相关企业的领导和负责人参加群众性体育赛事的开幕式和颁奖典礼，以提高企业的知名度。

第二，鼓励企业自主办赛。近年来，C县体育局采取了以下两方面举措鼓励企业自主举办群众性体育赛事。一是取消对全县性体育竞赛活动的审批。为有效实现政府职能转移，2015年12月，C县体育局在县级政府的监督下进行了行政审批改革，在C县体育局拥有的10项体育行政权力中，全县性体育竞赛的批准登记成为第一个被取消的行政权力。二是主动为企业自发举办群众性体育赛事提供相关服务。为了实现和企业之间的资源互补，对于企业自发主办的群众性体育赛事活动，C县体育局不但会在比赛场地、器材等方面给予一定的支持和帮助，还帮助企业开展赛事的组织和协调工作，C县体育局相关领导受邀出席赛事的开幕式，以体现对企业办赛的鼓励和支持。

第二节　企业参与对县域群众体育治理绩效的影响

近年来，C县体育局对整合企业的资源表现出了极大的热情，各类企业的资本和专业技术开始探索性地进入公共体育场馆设施建设和运营、群众体育赛事活动的举办等公共体育服务领域，与其他的治理主体相比，企业最大的优势在于其能拥有相对充足的资金和成熟的专业能力，通过政府和企业的分工协作和资源互补能实现体育资源的有效整合、群众多元化体育需求的满足，最终实现公共体育服务效率和公益的平衡。

一、优化群众体育的资源配置

资源的匮乏是C县体育行政部门主动整合企业资源的重要因素，尽管C县群众体育治理中的“政企合作”还处于探索阶段，但是C县体育行政部门能在县级政府的支持下，树立政府和企业共赢的群众体育发展观，吸引企业为县域群众体育发展投入资源，已经获得了一部分企业的回应和配合，对缓解政府的资源困境、优化群众体育资源的配置发挥了重要的作用。

第一，优化了公共体育场馆设施的资源配置。企业参与公共体育场馆设施的建设运营、开放企业内部的场馆设施，不但能缓解政府在公共体育场馆设施建设方面的资金困境，也有效避免了场馆设施的闲置浪费。目前C县体育局与企业合作建设运营的场馆设施除了以BOT模式投入运营的Y岭可拆装式游泳池、以TOT模式运营的游泳馆外，“十三五”期间计划建设的标准网球中心，已成功动员辖区内的两大民营企业，ZY钨业和YL钨业分别捐款500万元和300万元，项目已经进入到招标阶段；从2014—2016年，C县利用国内三家知名体育企业捐赠的资金完成了奥林匹克广场的提质改造，其中人工草皮足球场耗资224万元，成为G市辖区内最好的足球场之一；同时，体育局还利用企业捐赠的资金为各乡镇提供了各类体育器材，完成了9个乡镇的农民健身广场项目的建设。

第二，优化了体育赛事活动的资源配置。近年来，越来越多的企业热衷于为群众性体育赛事活动提供赞助；企业自主举办的群众性体育赛事日益丰富，如C县DX公司连续两年举办C县广场舞健身大赛，以2017年为例，DX杯广场舞大赛报名队伍达到了19个，C县的各乡镇均派队伍参加了比赛，参赛人员近600人；而赛事的外包服务则减轻了办赛的负担，有利于赛事活动的常态化发展。

案例7：

地方群众体育事业的坚定支持者——QY食品有限公司

QY食品有限公司（以下简称QY公司）创建于1958年，是C县第三大民营企业、江西省著名商标、中国驰名品牌。该企业长期以来依托C县的丰富自然资源而发展，得到了地方政府在财税等方面的政策支持，企业盈利逐年上升。企业的负责人LZ先生除了是当地有名的企业家以外，也是C县体育界的知名人士，不仅是因为他本人非常热爱羽毛球运动，担任了羽毛球协会会长，更因为他长期以来带领企业为C县体育事业的发展注入了大量的资源。

QY公司连续5年冠名赞助由G市体育总会、市羽毛球协会主办，C县体育总会、C县羽毛球协会承办的G市“QY杯”羽毛球赛，该赛事在C县乃至整个G市都产生了一定的品牌效应，以2016年的“QY杯”羽毛球赛为例，G市18个区县均派队伍参加了比赛。2017年底，QY公司又为C县羽毛球协会举办的“迎新春”羽毛球邀请赛提供了全部的资金赞助。在QY公司的支持下，目前C县群众羽毛球运动氛围浓厚，成为最受C县群众喜爱的体育项目之一。

除了赞助群众性体育赛事，QY公司还通过“QY羽毛球健身馆”的项目建设与地方政府建立了更为紧密的合作关系。2014年，江西省财政对C县下拨了一笔300万元的基层群众体育健身场所建设“球类健身房工程”项目资金，考虑到C县群众非常热爱羽毛球运动，但是羽毛球场地非常有限，体育局计划在县城内建设一个标准的羽毛球馆。然而在县财政配套资金缺乏及土地资源紧缺的双重困境下，羽毛球馆的项目计划难以实施，导致省财政的拨款被闲置。2016年底，LZ先生主动与体育局领导沟通，表示愿意与政府就羽毛球健身馆的项目开展合作。在经过多次洽谈后，体育局和QY公司就羽毛球馆的建设达成了一致的意见，由QY公司免费提供新厂生活区的闲置土地用来建设羽毛球馆，并出资200万元弥补政府的资金缺口，项目建设完成后，由QY公司负责球馆的运营和管理，采用低收费的方式对外开放。2017年2月，体育局向县政府提出了QY羽毛球馆建设工程的请示，并很快得到了县政府的批复，目前该项目已经进入方案设计阶段。在访谈中，LZ

先生谈道："我们公司的产品目前在全国都具有一定的知名度，赞助本地的赛事对我们来说宣传效果有限，QY羽毛球馆的项目虽然是以BOT模式进行的，但对于我们而言，从羽毛球馆中获得的经济效益是十分有限的，所以还是以奉献为主。作为C县本地的民营企业，我们公司赖以生存和发展的资源都来自社会，因此，当政府需要我们给予一些支持的时候，我们还是会竭尽全力，况且公司也需要创造一些机会和政府建立良好的联系。我本人很热爱体育运动，深知健康的身体、健康的生活的重要性，希望能通过推动羽毛球运动为C县人民的健康生活增光添彩。"

在全民健身上升为国家战略和健康中国建设的背景下，我国部分体育用品制造企业，长期以来选择为广大基层、特别是农村地区的群众体育事业发展提供支持，体现出了这些体育用品制造企业对群众体育事业的责任和担当；C县本地各类国有企业和民营企业则以"回报社会、造福桑梓"为目的为县域群众体育发展源源不断地注入资源，体现了中国传统文化中关于社会"良心"的朴素内涵[1]。企业支持县域群众体育的发展，有效地优化了群众体育资源的配置，缓解了政府的资源困境。

二、满足群众多层次的体育需求

公共服务由政府部门单独供给或者由私营部门单独供给都存在着难以克服的缺陷，政府垄断供给难以保证公共服务的效率，而私营部门单独供给则会导致社会公益的缺失。C县体育局通过BOT模式、TOT模式探索性地引入企业参与公共体育服务的供给，利用企业的资金和技术优势提高了公共体育服务的质量，满足了群众多层次的体育需求。

[1] 赵琼，张应祥. 跨国公司与中国企业捐赠行为的比较研究[J]. 社会，2007，27（5）：144-161.

案例8：

群众多层次体育需求的供给者——SF游泳管理服务有限公司

SF游泳管理服务有限公司是江苏省一家专门从事游泳池经营管理服务和游泳设备开发、销售的企业。2015年，该公司注册成立了SF游泳管理服务有限公司C县分公司，计划以C县为突破口，积累在县域开拓市场的经验。2016年 2月，根据《创建全国公共服务体系示范县主要项目表》的安排，C县以县政府的名义对Y岭可拆装式游泳池以BOT模式进行了对外招标，SF游泳管理服务有限公司C县分公司（以下简称SF公司）成为该项目的中标单位。C县体育局作为该项目的主管单位，与SF公司签订了BOT项目合作协议书。根据协议，SF公司出资80万元修建室外拆装式游泳池整套系统，项目所需土地由县国土局划拨，同时，县财政还拨款20万元用于泳池相关配套设施的建造，SF公司拥有拆装式游泳池的经营权10年，产权归体育局所有。在合作期间，SF公司承担游泳池的日常运营、管理和维护，与体育局协商定价，自负盈亏，根据协议，该游泳池于2016年6月正式对外开放。

Y岭可拆装式游泳池投入运营后，结束了C县此前没有一家游泳池的历史。市场化的运营机制，使SF公司能以灵活多样的经营方式和优质的服务态度为当地群众提供多元化的游泳服务。Y岭可拆装式游泳池运营两年以来，SF公司按照和体育局的协议，在各乡镇中小学为学生和当地群众开展公益性的防溺水知识讲座，为C县教师提供免费游泳票，并以略低于市场价的价格为群众提供游泳服务，保证了游泳池的公益性原则。同时，为了保证公司能获得适度的利润，SF公司也根据当地群众的需求结构，为群众提供多种收费层次的游泳培训服务，如对有需要的群众开展一对一的游泳私教培训，利用暑假对当地中小学生开展游泳培训，成为C县青少年游泳培训基地。在实现经济效益的同时，也为经济条件较好的当地群众提供了个性化的服务。在访谈中，SF公司经理MJ先生谈道：

“SF公司是我们在县域成立的第一家分公司，游泳馆的造价太高，运营成本也很高，为很多中西部县域带来了财政负担，可拆装式游泳池在这方面显然具备很大的优势。Y岭可拆装式游泳池对外营业以后，在当地的反响很好。我们的游泳票售价不高，公司要实现一定的利润，只能通过办培训的途径，各种档次的消费都有，比较灵活多样。”

随着生活水平的不断提高，县域群众多元化、多层次的体育需求不断超出政府的供给能力。市场化的引入改变了公共服务单一供给的局面，减轻了政府的财政和管理压力，给C县的群众体育事业带来了新的活力。企业参与公共体育服务的供给，不但能使普通的群众体验到更专业的体育服务，使其对公共体育服务有了更多的选择权，还能改变人民群众的体育消费观念，让“花钱买健康”的观念深入人心。

第三节　“政企合作”的局限性

近年来，C县体育行政部门对整合企业的体育资源表现出高度的热情，试图通过体育资源的“市场整合”和“公益整合”等策略提高公共体育服务的供给能力。而各类企业在政府的鼓励下，以公私合作、公益参与等形式，一定程度上缓解了政府资金和管理投入方面的困境。但是，与政府的热情相比，企业却对与政府之间的合作保持相对的冷静，政府推出的一系列项目最终达成合作意愿的比例比较低，企业参与县域群众体育治理的积极性整体不高，县域群众体育治理中的“政企合作”还存在着诸多的局限性。

一、政绩驱动：政府对企业的作用认识不足

资源整合是县域群众体育合作治理的核心内容，政府在资源共享、互相信任的基础上将企业的资源整合进县域群众体育治理体系，更好地满足群众多元化的体育需求，是提高合作治理绩效的基础。然而在地方财政吃紧和畸形政绩观的驱动下，政府对企业参与的认识不足，将为“政企合作”带来一定的风险，使合作难以为继。

受社会经济发展水平的限制，相对于东部发达地区的县域来说，C县仍

属于公共资源匮乏的地区，而创建全国全民健身公共体育服务示范县目标的提出，使得C县体育局对通过企业来实现公共体育服务项目的融资有着较高的积极性，非常迫切地需要引入企业的资源，通过体育资源的市场整合快速提高公共体育场地和赛事的供给数量。这种主要是基于自身的政绩需求而展开的合作，可能导致企业的利益受损。C县体育局在《创建全国全民健身公共体育服务示范县主要项目表》中规划的公私合作项目中，大部分总投资都在千万元以上，不但与县级财政的实际履行能力不相符，而且从C县群众体育发展的实际情况来看，这些规划项目大都在C县缺乏群众基础，部分项目选址较偏僻，与广大人民群众特别是农村群众的体育需求严重脱节。在C县群众体育发展的现实条件下，如果不能在公共体育场馆设施的规划上充分考虑县级财政的履行能力并树立满足群众需要的意识，在论证不充分的情况下仓促上马极易为企业投入带来风险，降低企业参与的积极性。引导企业进行体育公益捐赠面临着同样的问题，作为理性经济人的企业方，非常看重慈善捐赠产生的社会效益，如果动辄上千万元的捐赠却不能带来相应的社会效益，同样会降低企业公益捐赠的积极性。在调研的过程中，问及企业参与相关项目建设的积极性如何时，C县体育局分管体育场馆建设的ZJ副局长谈道：

因为县国土资源局找不到合适的土地，目前我们规划的项目选址都比较偏僻。如果市场需求不大的话，企业肯定没有动力投入资金，企业是要以盈利为目的的，怎么会白掏钱呢？所以项目计划表制订两年了，目前达成合作意向的项目还很少。

ZJ副局长的访谈隐含着政府部门想让企业“白掏钱”的思想，作为规划的制定者，C县体育局的工作人员非常清楚这些规划项目与群众体育需求之间存在着一定的差距，但是他们仍然十分热衷于建设并不实用的大型场馆设施，说明政府更希望通过“短、平、快”的方式整合企业的资源，迅速达到通过企业融资的目的。这种一厢情愿的做法缺乏互利性和持久性，不利于政府和企业形成平等、互惠的合作治理关系。

二、管控思维：政府对自身的角色认知不足

与企业开展县域群众体育的合作治理，意味着政府和企业之间的关系将从管理与被管理的关系转变为平等合作的关系，在这个过程中，政府的角色应当发生一定的改变，即从“划桨”转变为“转舵”，充当企业和群众公共体育利益之间的协调者，为企业提供必要的服务和支持，但是从C县的实践来看，在引入企业参与县域群众治理的过程中，政府对治理主体多元化还存在着一定程度的不适应，难以摒弃过去传统的群众体育管理体制下的优势地位和管控思维。

（一）服务意识的缺乏

在“公私合作”的过程中，为了确保合作的顺利进行，政府应当在维护公共体育利益的同时，为企业做好服务工作，保护企业的正当权益，只有这样才能建立起彼此的信任关系。然而从C县的实践来看，在公共体育服务公私合作的过程中，体育局的服务意识不强，在相关职能部门热衷于使用权力、对公私合作项目设置诸多行政壁垒的情况下，体育局并没有主动为企业协调相关利益关系的意识。对此，SF公司C县分公司的负责人MJ先生深有感触：

游泳池的运营要通过各种行政审批。虽然体育局在双方合作协议中承诺协助公司办理工商、税务、卫生防疫等各种手续，但是最后还是我们自己去办理。在县里办事情不容易，效率也不高，2016年6月，我花了将近一个月的时间，去C县的各个部门办理相关手续。游泳池开始运营后，又有不同的部门过来检查，比如卫生局经常过来检测，空气质量检测每次都要收取500元。这些问题我们也同体育局协商过，但是它们并没有为我们解决这些问题的意向。

（二）公益摊派的存在

《中华人民共和国公益事业捐赠法》和《中华人民共和国慈善法》都明确规定，公益捐赠应当是自愿行为，不得强行摊派或变相摊派。但是在

政府强势主导下的社会，社会公益领域的运作方式往往也受到行政力量的直接影响和间接影响[1]。在县域群众体育治理的过程中，地方政府承担着县域公共体育服务的主要职责，但是其财政能力却非常有限，在创建全国公共体育服务体系示范县这一目标的驱动下，C县体育局对企业的体育公益捐赠，特别是大型公共体育场馆设施的建设有着很强的劝募动机，在体育行政部门自身劝募能力有限的情况下，往往由主管体育工作的县级领导出面来进行劝募。从企业捐赠C县群众体育事业的现实情况来看，出于政府部门的压力而捐赠的比例较高，而企业自愿捐赠的比例较低。如C县以县级政府的名义出台的《创建全国全民健身公共体育服务体系示范县的实施意见》，要求相关企业对部分项目进行无偿的公益捐赠，带有较强的指令性摊派的色彩，而对于企业方而言，由于地方政府掌握着本地企业发展所需的制度环境和稀缺资源，当县级主要领导出面时，为了避免破坏和县级政府之间的关系，这些企业往往难以对政府的劝募表示无动于衷，而部分国内知名企业对C县群众体育事业给予的资金和设施捐赠，则源自国家某部委对口支援带来效应。对此，体育局WB老师表示：

县里各个部门去要赞助的太多了，我们普通工作人员是要不到企业的赞助的，去了也没有人理，而领导出面效果就大不一样了，县里的几家大型企业多少还是要给领导面子的，因此，这些大型项目的捐赠通常都是由县里的主要领导出面解决。

政府与企业合作治理，有利于创新公共体育服务的供给方式，在这一过程中，不但政府的观念要发生转变，政府自身的角色也要发生转变。然而，对自身的角色认知不足，使C县体育行政部门一方面对向企业融资产生了较高的热情，另一方面又继续在合作过程中保持管控思维，挫伤了企业参与的积极性，部分政府领导则以维护公共利益的名义对企业施加不当的压力，来自政府部门的矛盾态度使部分企业参与县域群众体育治理的动力不足。

[1] 郭剑花. 中国企业的捐赠：自愿抑或摊派?——基于中国上市公司的经验证据[J]. 财经研究，2012，38（8）：49-59.

三、制度困境：政府提供的配套政策不完善

一个相对成熟的制度环境是企业参与县域群众体育治理的关键，能保障企业的合法权益，减少政企双方行为的不确定性。党的十八届三中全会以来，国家层面的相关政策文件都明确提出要鼓励企业通过投资兴建、捐赠群众公共体育场馆设施、举办群众性体育赛事等方式参与群众体育治理。从整体上看，由于这些政策文件采用的都是一些“指导性与宏观性”[1]的表述，这些政策目标在地方的实现取决于县级政府配套政策的供给和多部门的配合。然而从调研的情况来看，虽然C县体育局对整合企业的资源表现出了较高的热情，但是县级政府相关配套政策的力度不足却挫伤了企业的积极性。

在公私合作的过程中，政府对于如何在较长的合作期限内协调双方利益关系、保障企业的权益，界定双方的具体职能，进行风险的分配等，并没有提出具体的制度作为参考，相关政策文件大都是以通知、意见、规定等形式出现的，缺乏足够的权威性，加大了企业参与的风险。如《国务院关于加快发展体育产业促进体育消费的若干意见》（以下简称“46号文件”）明确提出对企业从事体育事业要给予土地、税收、水、电等方面的优惠，但是从调研的情况来看，C县体育局向县级政府争取政策的力度不够，导致政策执行的“碎片化”，企业难以享受到国家层面规定的优惠政策。以SF公司与C县在Y岭可拆装式游泳池中的合作为例，46号文件规定的相关优惠措施，在该项目中并没有得到明显的体现。在访谈中，SF公司C县分公司的负责人MJ先生反映：

从目前的情况来看，C县的投资环境还是存在一些问题的。企业运营场馆和政府自己运营场馆的政策差异较大，对企业来说，其并没有享受到电费、水费的优惠，完全是按照工业标准交纳的。C县游泳馆的运营成本每年上百万元，从2017年试营业的情况来看，亏本是肯定的。

---

[1] 贺东航，孔繁斌. 公共政策执行的中国经验[J]. 中国社会科学，2011（5）：61-79.

在企业的公益参与中同样存在着相关配套政策不完善的问题，政府对企业的公益参与也缺乏明确的激励措施。然而县级政府并非完全没有制定科学合理的政策、协调各部门利益的能力。如为了促进C县全域旅游的发展，2017年8月，C县县委、县政府出台了《关于C县支持鼓励全域旅游发展的若干意见》，支持鼓励社会资本投资旅游项目开发，明确对相关企业给予税收减免、投资奖励、家属安置、财政补贴等多项优惠政策。可见，县级政府主要领导人的态度，对制度环境的形成有着十分重要的影响。

四、信用失范：政府部门在公私合作中的契约精神缺失

政治学认为，最复杂的信任系统出现在合作治理中，信任是合作的润滑剂和感情基础，不信任会破坏合作[1]。由于公共体育服务领域的投入往往周期较长，回报较慢，因此，政企双方对契约精神的遵守应当涵盖了合作的全过程，从而降低企业的投资风险，保障企业的合法权益和投资回报率。然而从企业参与C县群众体育治理的实际情况来看，政府契约精神的缺乏，导致了企业对政府的行为缺乏预期，影响合作关系的形成。

（一）项目招标的暗箱操作

从契约机制的角度看，政府在公私合作的契约关系中应承担的首要责任就是引入竞争性的谈判，并保持项目的透明和公开，有助于形成公平公开竞争的有序格局[2]。《中华人民共和国政府采购法》和《中华人民共和国招标投标法》也对公私合作过程中的公开透明原则、公平竞争原则和诚实信用原则做出了具体的规定。然而从C县的实践来看，政府对项目合作者的选择过程存在着公开性和透明性缺失的情况，虽然在项目招标之前，体育局会在县人民政府网站公布相关招标信息，但事实上，在项目招标之前，部分企业往往已经通过暗箱操作获得了某些项目的合作机会，使招标流于形式。正常竞争的缺乏增加了政府一方的自由裁量权，使项目的开展充满了诸多的不确定

[1] 郁建兴，张莉萍. 地方治理体系中的协同机制及其整合[J]. 思想战线，2013（6）：95-100.
[2] 陈婉玲. 公私合作制的源流、价值与政府责任[J]. 上海财经大学学报，2014，16（5）：75-83.

性，导致政府难以取信于企业，不但容易挫伤其他企业参与“公私合作”项目的积极性，也可能导致获得合作机会的企业为了获得投资的回报率而降低项目的服务质量。在访谈中，C县某项目的企业方代表透露：

有些项目的合作对象基本上是由主管领导确定，项目的公开透明很难得到保证，项目竞标基本流于形式，在竞标之前合作对象基本上都已经确定。

（二）政策的稳定性不足

政策缺乏持续性和稳定性导致政府信任失范的现象在我国比较常见，虽然不确定性是市场经济的特征，但是西方市场经济中不确定性主要来自市场本身，而在中国，市场经济的不确定性却主要是由政府的政策缺乏连续性和稳定性造成的[1]。我国社会转型期的各种制度缺陷导致了地方政府政策的不稳定性，而地方干部特别是县委书记调动频繁而导致的“人来政改”“人走政息”，则是我国县级政府产生失信问题的重要影响。在“新官不理旧政”的政治风气下，县级政府可能会随意更改在公共体育服务领域的公私合作的政策，甚至不履行合约和更改合约，这种行为会使企业失去对政府的信任，影响企业参与县域群众体育治理的积极性。以C县的Y岭生态体育公园这一项目为例，作为C县创建全国全民健身公共体育服务示范县规划的重大项目，L岭生态公园在2013年就完成了项目的征地工作，2016年7月完成了项目建设方案设计和项目合作对象的招投标工作，相关企业和C县体育局初步达成了以BOT模式建设和运营L岭生态公园的合作意向。然而在2016年8月，G市市委对C县进行了县委领导班子的换届，不久，新上任的C县某主要领导便决定单方面终止L岭生态体育公园的项目，原计划于2017年9月投入运营的Y岭生态体育公园项目就此搁浅。目前，项目征用的2000公顷土地已经有部分用于其他项目的开发。对此，C县体育局YH认为：

在C县调研的过程中所接触到的体育局的工作人员都普遍反映，作为相关项目的具体实施单位，体育局承担的责任较大，但实际拥有的职权却非

[1]　安贺新. 关于我国政府信用问题的思考[J]. 中央财经大学学报，2005（3）：23-27.

常有限，项目从提出规划到最终实施，不但耗时长且程序非常复杂，增加了合作的不确定性，为企业的投资带来了一定的风险，降低了企业的投资意愿。

五、利益冲突：企业参与的“公共性”不足

从理论上讲，企业无论是以“公私合作”的方式还是以公益的方式参与县域群众体育治理，都可以实现企业经济利益和公共体育利益的双赢。但是一旦企业始终秉承着利润最大化的价值观，那么在企业的经济利益和公共利益、市场价值和社会价值之间就会存在着内在的张力。在社会公共事务合作治理中，如何以最优的方式实现企业经济利益和公共利益之间的平衡，仍然存在着诸多困境，县域群众体育的合作治理也是如此，作为“理性经济人”的企业，难以摆脱自身的经济利益和公共体育利益之间的矛盾，导致企业参与县域群众体育治理的“公共性”还存在着的明显的不足。

（一）企业参与公私合作项目的“公共性”不足

对于县政府而言，推行公私合作项目的基本出发点在于实现公共体育利益的最大化，然而，对利润的追求却会导致企业对是否参与某个项目具有较强的选择性，对于大部分的企业而言，“不做赔本的买卖”是企业参与公私合作项目的前提。首先，在公私合作项目中，市场的完美与需求满足的完美并不重合[1]。尽管政府一方在合作协议中强调了公共体育服务的“公益性”，但是企业参与“公私合作”项目对于购买能力有限的群众，特别是广大农村群众来说，还是意味着公共体育服务供给的差别化。其次，企业参与的“城”多“乡”少、“东”多“西”少现象[2]在C县有着较为明显的体现。对群众体育的投入，特别是公共体育场馆设施的投入周期长、见

---

[1] 王名，刘培峰. 民间组织通论[M].北京：时事出版社，2004：29.

[2] 《全民健身计划（2011—2015年）》实施效果评估组.《全民健身计划（2011—2015年）》实施效果评估报告[M]//刘国永，杨桦. 中国群众体育发展报告（2016）. 北京：社会科学文献出版社，2016：45.

效慢，和东部地区相比，经济发展处于中等水平的C县，对于吸引社会资本投入群众体育，并没有明显的区位优势，尽管C县体育局有较大的热情在公共体育场地建设等方面大力推广公私合作模式，也利用国家某部委对口支援的优势大力吸引企业的投资，但是在鼓励企业投资公共体育服务的相关制度不完善或者相关优惠政策吸引力不够时，企业就会缺乏投资的动力。目前，C县创建公共服务体系示范县的相关项目规划出台已经将近四年，真正有意向与C县体育局达成合作意向的企业并不多。个别达成合作意向的企业也明确表示，在不能保证适当利润的前提下，可能将放弃与C县县政府的合作。对此，SF公司的MJ先生谈道：

我觉得公司的领导做事比较理想化，对C县的投资难以得到理想的回报。C县只有20多万人口，地理位置一般，市场需求也不大。Y岭可拆装式游泳池一年的盈利不超过10万元，对于我们这么大一个公司而言，确实没有足够的吸引力，就更不用说游泳馆了，除非政府给我们适当的补贴，否则是很难运营下去的，所以从2018年开始，能不能继续合作还说不定，毕竟我们是企业，还要以盈利为目的。

（二）企业参与公益的“公共性”不足

在企业社会责任被高度制度化的今天，企业以公益的方式积极参与社会公共事务，是企业公共性生产的现实载体，是企业树立“合格公民”形象的重要途径[1]。在“健康中国”建设的背景下，企业以公益的方式参与县域公共体育场馆设施建设和赛事活动提供，对于形成良性的政企关系、塑造企业的品牌形象和良好的企业文化都有着非常正面的影响。然而从C县的实践来看，虽然有部分企业热衷于参与县域公共体育场馆设施的捐赠和赛事的承办，但是总体来说，企业参与县域群众体育治理中的“公共性”还有待提高。

首先，企业在群众体育领域的公益参与是一种非常规性的活动，表现出

---

[1] 李友梅，肖瑛，黄晓春. 当代中国社会建设的公共性困境及其超越[J]. 中国社会科学，2012（4）：125-139.

很强的随意性，对县域群众体育的支持取决于企业的效益状况，甚至完全由企业领导者的个人爱好来决定；同时，企业以公益的方式参与县域群众体育治理的主动性不强，在政府的强势主导下，部分企业在群众体育领域的公益行为或者是被动的、非自愿的，或者是出于与政府建立良好关系的目的，基于社会责任而参与的意愿不高。对此，WB老师认为：

本地三大民营企业对群众体育的公益参与的表现有较大的差别，YL钨业的老总非常喜欢篮球运动，还担任了篮球协会的会长；QY公司的老总则喜欢羽毛球运动，担任了羽毛球协会的会长。所以这两家企业对C县群众体育的发展还是做出了一些贡献的，而且篮球运动和羽毛球运动确实是C县开展得最好的两个项目。相对来说，有的企业虽然效益很好，但是对群众体育的贡献却非常小。

其次，部分企业存在借公益之名行逐利之实的现象。作为“理性经济人”的企业，借助群众体育的公益参与树立企业品牌形象，增强群众对企业的认同是无可厚非的。但是，如果企业在群众体育中的公益参与过多地被商业绑架，则有可能导致市场天然的逐利性与体育固有的人文性之间的冲突，使体育人文精神越来越沦为实现商业目标的包装[1]。以企业举办群众性体育赛事为例，近年来，随着广场舞热潮在C县的兴起，C县的部分企业热衷于通过举办群众性广场舞大赛来进行产品的宣传和推广。2017年7—8月，C县就举办了两次广场舞大赛，分别为DX公司举行的“DX杯”广场舞大赛和YZ公司举行的“YZ杯”广场舞大赛。两次大赛的胜负均由网络投票决定，而观众若想参与网络投票则需要购买两家企业的相关产品，如DX公司主要从事网络电视业务，只有购买了DX公司机顶盒的顾客才能参与广场舞大赛的投票。对此，某广场舞队的领队WM女士说：

我们跳广场舞的目的主要是为了愉悦身心，就是追求一种快乐的生活方式，但是最近DX公司举办的广场舞大赛却给我们带来了不少烦恼。最终能不能取得名次，不是看我们跳得有多好，而是靠拉票的能力，最近都在动员身边的亲朋好友办理DX公司的业务。虽然我们参加比赛也是以娱乐为

[1] 任海. 论体育产业对中国体育发展的影响[J]. 体育科学，2015，35（11）：13-18.

主，但是我们认为比赛还是应该由水平高低来决胜负的，这种以商业利益为目的举办的比赛，对我们的参赛积极性还是造成了一定的影响。

第四节　企业的“理性参与”

在县域群众多元化体育需求不断增长的情况下，政府不应当也没有能力作为公共体育服务的唯一生产者，对企业的资源进行整合，能有效改变政府单一提供公共体育服务的格局。然而无论是企业以什么方式参与县域群众体育治理，企业的经济利益和公共体育利益都应该具有相互促进和相互调节的一面，政府和企业在合作的过程中应当尊重和包容彼此的价值目标，通过建立良性、共赢的合作伙伴关系，提高公共体育服务的效率和水平，有效地满足县域群众多元化的体育需求。

在资金不足和管理效率有限的情况下，C县体育行政部门希望整合企业的资金和技术等资源来实现公共体育服务领域的目标，而企业则希望通过参与公共体育场馆设施建设和管理、举办群众体育赛事活动等途径实现企业的经济利益或是履行企业的社会责任。在政府相关政策的引导下，部分企业以公私合作模式和公益模式参与了县域公共体育服务的供给，一定程度上优化县域群众的资源配置，丰富了县域群众在公共体育服务方面的选择。

然而，在引入企业参与县域群众体育治理的过程中，政府借助向企业“融资”的机会来满足自身政绩需求的动机比较强烈，增加了企业参与的风险。政府服务意识、相关配套制度和契约精神的缺乏，导致企业对与政府的合作心存疑虑，合作意向低于预期。同时，作为“理性经济人”的企业，在公共体育服务领域投资周期长、回报慢的情况下，则难以平衡经济利益和公共体育利益之间的关系，在缺乏一定的经济回报和激励措施的情况下，企业对于参与县域公共体育服务的动力明显不足，甚至呈现出借“公益”之名行“盈利”之实的现象。

总之，政府与企业在公共体育服务领域的合作逐渐成为一种发展的潮流，在政绩目标的驱动下，C县体育行政部门试图通过“市场整合”和“公益整合”两种方式整合企业的关键性资源，然而与政府的热衷相比，企业却表现出了相对的冷静。作为“理性经济人”，如果政府不能对合作的收益做出相应的保证，并缺乏足够的契约精神，企业参与县域群众体育治理的意愿将受到较大的影响。从企业参与C县群众体育治理的实践来看，在长期的管制思维的影响下，县级体育行政部门对于和企业开展县域群众体育合作治理的经验尚不成熟，企业参与县域群众体育治理仍然处于初步探索的阶段。

第七章

社会力量参与县域群众体育治理的反思

第一节 社会力量参与县域群众体育治理的困境

面对县域群众日益增长的多元化体育需求，构建政府和社会力量的合作治理模式是县域群众体育发展的基本走向。个案研究表明，在县域群众体育治理体系中，县级体育行政部门通过建立与社会力量之间的合作关系，促进了各种社会资源在县域群众体育治理中的开发和利用，实现了政府和社会力量之间的相互增能，提高了县域群众体育治理的绩效，与政府单一主导的群众体育管理体制相比，多元主体参与的县域群众体育治理具有明显的优越性。但是，我们也应该看到，虽然在县域群众体育治理体系中，政府与社会力量之间的互动更加多元，资源交换也更加频繁，但是与理想的合作治理模式相比，政府和社会力量之间的合作还存在着诸多困境，社会力量作为治理主体的功能和作用发挥不明显，限制了县域群众体育治理绩效的提高。

一、"主体性"发展困境

主体性是主体在实践的过程中表现出来的自主、自觉、能动选择和独立创造的特性[1]。社会力量的主体性是与治理理念的兴起相伴随的，社会力量

[1] 陈义平. 社会组织参与社会治理的主体性发展困境及其解构[J]. 学术界，2017（2）：65-74.

是否拥有一定的主体性，和政府形成平等、非依附的合作关系，是合作治理形成的重要因素之一。伴随着县域群众体育治理的转型，县级体育行政部门开始探索性地改变和社会之间的关系，然而在县域群众体育治理体系中，政府仍然处在治理体系中的中心位置，而社会力量则被“边缘化”,面临着“主体性”发展的困境，既影响了社会力量在县域群众体育治理中应然职能的发挥，也不利于政府和社会力量之间关系的优化，最终影响县域群众体育治理绩效的提高。

首先，政府和社会力量之间还难言是一种平等合作的关系。尽管政府在各种政策、文件中不断强调体育社会组织、公民和企业参与的重要性，多元化与分权化等社会本位模式的理念在形式上已经被接受[1]。但是县级体育行政部门依然习惯于过去的“管控思维”，没有放下姿态和社会力量平等对话，其引入社会力量参与群众体育治理的主要意图是借政府的权威来整合社会力量的资源，对社会力量的利益考虑不足，在和社会力量的合作过程中仍然体现出了作为“管理者”的优越感。

其次，政府和社会力量之间的合作体现出明显的“政府选择”的特征，社会力量在合作内容、合作方式的选择方面话语权有限，往往只能被动地与政府开展合作。

最后，政府和社会力量之间的合作关系呈现出“权威-依附”[2]的特征。县级体育行政部门仍然强调自身在治理体系中的权威，而社会力量在参与群众体育治理过程中自主性和独立性有限，对政府存在明显的依附和服从性，体育诉求的表达能力、对政府的约束能力较弱。

二、资源分享困境

资源分享是政府和社会力量开展县域群众体育合作治理的重要依托，既包括资金、专业能力等运作性资源的分享，也包括公共体育事务治理权等

[1] 童志锋，郁建兴. 从政府本位到社会本位：社会管理体制变革的新分析框架[J]. 中共浙江省委党校学报，2011，27（1）：70-78.

[2] 唐文玉. 合作治理：权威型合作与民主型合作[J]. 武汉大学学报，2010（11）：60-65.

治理性资源的让渡与共享[1]，后者是一种更为高阶的合作，不但不会因为主体间的分享而减少，反而有利于合作关系的巩固和深入。从社会力量参与C县群众体育治理的实践来看，县级体育行政部门通过政府向体育社会组织购买公共体育服务、公私合作等多种方式与社会力量展开合作，资源分享逐渐走向多元化，但是这种合作仍旧处于资源分享的起端，还未达到平等分享治权的阶段，不利于政府和社会力量的双向增能。

第一，运作性资源分享还存在一定的不确定性。运作性资源的分享与交换应体现为体育行政部门和社会力量资源互补的过程，县级体育行政部门的运作性资源越充足，越能最大限度地激发社会力量的专业能力。然而在县域治理体系中，体育行政部门只有得到上级政府的重视，其运作性资源才相对比较充足，一旦失去上级政府的支持，其运作性资源就相对有限，影响了合作治理的顺利进行。以县域群众体育治理中的公私合作项目为例，政府引导资金的缺乏，极大地降低了企业参与公私合作项目的积极性，导致部门合作项目难以为继。

第二，治理性资源分享与交换存在困境。受“政府权威”“政府全能主义”等传统思维的影响，体育行政部门仍然掌握着县域群众体育公共事务的核心资源和权力，倾向于将社会力量作为公共体育服务供给的辅助性力量，对治理性资源的分享还非常有限，社会力量的职能得不到有效的发挥，难以实质性地参与公共体育政策、决策的制定，导致了体育社会组织的“工具化”发展和公民参与的“形式化”。由于缺乏民主的协商和沟通，体育行政部门的相关政策和决策制定仍旧容易脱离县域群众体育发展的现实需要，也难以最大限度地获得社会力量的认可和支持。

三、主体间信任困境

帕特南认为，在一个共同体中，信任水平越高，合作的可能性就越大[2]。主体间的信任是促成合作治理实现的关键变量，政府越信任社会力

[1] 敬乂嘉. 从购买服务到合作治理：政社合作的形态与发展[J]. 中国行政管理，2014（7）：54-59.
[2] 帕特南. 使民主运转起来：现代意大利的公民传统[M]. 北京：中国人民大学出版社，2015：104.

量，就越愿意发起与社会力量之间的合作，社会力量越信任政府，就越意愿为合作治理贡献力量。只有形成不断发展的信任关系，才能使政府和社会力量保持稳定的合作关系，有利于合作治理的持续进行。然而从C县群众体育治理的实践来看，政府和社会力量之间的信任水平还有待提高。

第一，政府对社会力量缺乏足够的信任。县级体育行政部门虽然希望体育社会组织能发挥协助提供公共体育服务的功能，但是出于风险控制和维护自身权威的需要，又并不希望体育社会组织发展过于壮大，C县体育行政部门对体育社会组织内部治理和发展规模的隐性控制体现出这一点。同时，政府一方面响应上级政府的政策搭建了公民参与的平台，另一方面又认为公民不具备参与合作治理的意识和能力，使公民参与流于形式化。

第二，社会力量对政府缺乏足够的信任。主体间的信任建立在相对稳定的规则和资源体系的基础之上，一旦治理体系中缺乏稳定的资源支持和制度保障，信任就无从谈起。在政社合作关系中，体育行政部门的“人格化”支持和“非常态化”治理降低了体育社会组织对合作关系的预期；在政民合作关系中，公民参与的“个案化”和“形式化”特征使得越来越多的公民质疑公民参与的真实性；在政企合作关系中，相关政府部门的“朝令夕改”和“暗箱操作”增加了企业参与的风险，降低了企业的合作意愿。

四、目标认同困境

共同目标的达成是政府和社会力量开展合作治理的重要条件，县域群众体育治理的最终目标是达到善治，而善治就是使公共利益最大化的社会管理过程[1]。因此，在县域群众体育治理体系中，政府和社会力量应当就充分满足县域群众多元化的体育需求达成共识，从而体现出县域群众体育治理的“公共性”。政府应积极维护群众的公共体育利益，提高对公民诉求的回应性；社会力量应该将与政府合作、满足群众的多元化体育需求视为一种社会责任，而非通过参与合作得到“搭便车”的机会。

---

[1] 俞可平. 论国家治理现代化[M]. 北京：社会科学文献出版社，2014：28.

然而从C县群众体育合作治理的具体实践来看，无论是作为主导者的政府还是作为治理主体的社会力量，都存在着一定程度的“公共性”不足，从而导致主体目标认同的困境。从C县体育行政部门的表现来看，与满足群众的多元化体育需求相比，创建“全国全民健身公共体育服务体系示范县”、打造“体育名城”的目标成为开展群众体育治理转型的最大动力。在这样的目标引领下，县级体育行政部门不可避免地带着“工具主义”的价值取向来引入社会力量的参与，导致社会力量的职能发挥不平衡、不显著；从社会力量的表现来看，营造社会公共事务的努力和公共事务的私人化总是纠缠在一起[1]，无论是体育社会组织、公民还是企业，在参与县域群众体育治理的过程中或是动力不足，或是呈现出一定的“功利主义”取向，将与政府的合作视为为自身争取资源和利益的过程，对局部利益较为重视，而对县域群众的公共体育利益则考虑不足，在群众体育治理中的主体意识和责任意识表现得还不够充分。

第二节 社会力量参与县域群众体育治理困境的成因

党的十八届三中全会召开以来，体育治理体系和治理能力现代化建设成为中国体育改革的目标和核心内容，我国群众体育的发展已经进入多元主体合作治理的阶段，需要政府和体育社会组织、企业和公民密切合作、共同努力[2]。然而这并不意味着我国县域群众体育治理转型从此就走上了一条被新的“观念”所预设的“应该如此”的道路[3]。从皮埃尔·布迪厄的场域理论讲，县域群众体育治理转型是在县域这个场域中进行的，该场域的结

[1] 李友梅，肖瑛，黄晓春. 当代中国社会建设的公共性困境及其超越[J]. 中国社会科学，2012（4）：125-139.

[2] 杨桦. 中国体育治理体系和治理能力现代化的概念体系[J]. 北京体育大学学报，2015，38（8）：1-6.

[3] 曹锦清. 黄河边的中国：一个学者对乡村社会的观察与思考[M]. 上海：上海文艺出版社，2013：231.

构和关系将影响合作治理的成效，因此，县域群众体育治理体系中，政府和社会力量合作治理关系的构建，仍旧要受到县域政治、经济、文化等诸多因素的制约。

一、宏观政策模糊性下的“试验性”改革

自党的十八届三中全会提出“推进国家治理体系和治理能力现代化建设”以来，实现多元主体合作治理已经成为我国全面深化体育改革的目标，社会力量参与群众体育治理成为不可扭转的大趋势。在国家体育总局的支持下，我国部分基层体育行政部门在开展体育社会组织创新管理、公共体育服务公私合作等方面开展了先行先试的改革，不但推动了群众体育体制改革的整体进程，也积累了一些可以被其他地方政府仿效的成功经验。然而，虽然国家鼓励和允许地方政府因地制宜地开展合作治理的差别化探索，但是中央政府出于地方差异性的考虑，并没有将地方政府成功改革的经验转变为具有强制性的制度，相关政策文件仍旧延续了我国多数政策文件的表达风格，即以发展方向和价值取向的阐述为主[1]，对于地方政府如何执行宏观政策，并没有提供具体的细则和可操作化的建议，留给了地方政府较大的自由裁量权。受宏观政策模糊性的影响，县域群众体育治理转型将呈现出“试验性”色彩。

通过对C县的调研我们得知，2015年以来，C县体育局多次派遣工作人员前往沿海地区部分县市学习考察，也分批次邀请了多名专家学者前往C县调研考察，为县域群众体育治理转型提供决策支持，充分说明C县体育局具备仿效沿海地区成功经验的自主学习意识。但由于国家的宏观政策缺乏具体操作细则，在“稳定第一”的原则下，为了避免承担改革创新所带来的风险，这种创新和学习的过程不可避免的体现出了一定的“试验性”色彩。尽管C县体育局于2016年颁布的《C县体育事业发展“十三五”规划》和《C县全民健身计划（2016—2020年）》中都明确提出要促进社会力量参

[1] 胡业飞，崔杨杨. 模糊政策的政策执行研究：以中国社会化养老政策为例[J]. 公共管理学报，2015，12（2）：93-105，157.

与群众体育公共事务治理，但是出于避免制度创新风险的需要，这些政策文件往往与中央政府的顶层设计差别不大，形式上虽然较为完整，但缺乏对社会力量参与群众体育治理具体制度安排，因而具体操作性很弱[1]。也正是由于政府部门在群众体育治理转型方面的相关制度安排体现出了明显的“权宜化”和“碎片化”的特征，使得社会力量能否获得和政府合作的机会，完全取决于个别领导人的理念和态度，县域群众体育治理转型难以形成制度化的积累，最终导致社会力量对政府的政策缺乏明确的预期，参与县域群众体育治理的动力明显不足，影响了合作治理的顺利进行。

二、上级政府弱激励下的地方政府动力不足

在激烈的府际竞争中胜出，从而获得来自上级政府的财政激励或者晋升激励[2]是地方政府开展各类改革创新的重要动力。然而在县域群众体育体制改革的领域，财政激励和晋升激励发挥的作用都非常有限，来自上级部门的弱激励，导致县级政府以及体育行政部门都缺乏引入社会力量参与群众体育治理的动力。

首先，对于县级政府而言，在公民、第三方机构等评价机制缺失的情况下，我国县级政府在很大程度上仍然是向上负责的机构，按照上级政府的考核指标开展县域治理，是县级政府得以在激烈的地方竞争中脱颖而出的关键因素。一方面，相对于易于量化的经济发展类指标，如“工业增加值”“地方财政收入”等指标，公共体育服务的指标仍旧只能用“体育事业发展”等描述性的指标模糊概括[3]，对上级政府的绩效考核影响不大；另一方面，虽然国家在宏观政策中对社会力量参与全民健身提出了指导性的方向，但是上级政府却并没有对县级政府引入社会力量参与群众体育治理提出明确的绩效要求和激励措施。因此，基于纵向问责机制的局限性，县级政府只有在成为某项改革的“试点单位”或者通过社会力量的参与能带

[1] 杨雪冬. 地方政府为什么创新动力不足[J]. 决策，2015（11）：12.
[2] 黄晓春. 当代中国社会组织的制度环境与发展[J]. 中国社会科学，2015（9）：146-164.
[3] 郁建兴，高翔. 地方发展型政府的行为逻辑及制度基础[J]. 中国社会科学，2012（5）：95-112.

来公共体育场馆设施建设等显性政绩指标的提升时，才会给予群众体育领域的改革创新给予一定的重视，而且重视的初衷在于获得上级的更多优惠政策或者获得更多的外部资源，带有较强的功利色彩。当试点工作结束以及体制机制改革的难度不断提高时，县级政府则没有动力继续推动改革创新的深入。

其次，对于县级体育行政部门而言，尽管上级体育行政部门在推动社会力量参与全民健身等方面提出了诸多设想，但却无法对县级体育行政部门的官员晋升产生直接的影响。在我国广大的县域，真正掌握县级体育行政部门的资源分配、人事任免等权力的主要还是以县委书记为首的县级党政的主要领导。县级党委、政府对各职能部门进行考核的指标设置主要围绕是否完成县级党委、政府交办工作的招商引资、精准扶贫、创文创卫等中心工作完成情况上，呈现出“重结果、轻过程，重量化、轻隐性”的特点，导致县级体育行政部门长期围绕着县级党政主要领导人的指令开展工作，疲于应付各种临时性的中心工作，在工作的安排上缺乏自主权，既没有精力也没有动力思考如何引入社会力量的参与以更好地满足县域群众的多元化体育需求，县级体育行政部门的价值目标错位，直接导致其在县域群众体育治理中的“公共性”不足。对此，C县体育局前任局长深有体会：

在县里面，想做事的人还是很多的，但是没法做。所有职能部门的工作都是围绕着县级政府的中心工作在运转，整天忙着开会、接受上级部门的检查，周五上街创卫，周六下乡扶贫，没有时间和精力思考本部门的相关工作。同时，由于对干部的考核很难量化,干部激励也是个很大的问题，不只是体育局，县里面都是这样，职能部门的负责人对上级部门的服从很重要，只有义务，没有权利，只有责任和风险，没有激励，话语权都在县领导的手上，在这种情况下，多做不如少做，没有必要去承担改革创新带来的风险。

三、县域体育工作边缘化下的部门协调不畅

基于我国县域治理结构的复杂性，县级体育行政部门各项工作的开展要

受制于多个层级的领导，以及相关职能部门的配合。与C县相比，在部分实行大部制改革的县域，这种官僚制的等级化运行结构更为复杂，基于县级体育行政部门在县域体育事业管理结构中的位置，上级部门的重视、同级部门的配合及体育行政部门内部的支持将直接影响县域群众体育治理转型的发展方向。然而，基层群众体育工作的边缘化，直接决定了体育行政部门在县域各职能部门中的弱势地位，使体育行政部门开展的改革创新难以得到有效的支持和协同，影响了社会力量参与县域群众体育治理的绩效。

（一）县级政府重视不足

如上文所述，作为中央政府各项职能的直接实施者，县级政府既要发展县域经济，又要承担教育、文化、体育等各项公共服务的职能，相对于工业增长、旅游业发展等能明显带动县域经济发展的工作，群众体育事业的发展并不能为县域经济的发展带来明显的绩效，也难以为县级党政主要领导带来明显的政绩。一个部门所管辖的领域“没有意义”或对社会生活影响较小，自身存在的合理性就会受到严重挑战，使县域群众体育工作不可避免地被边缘化[1]，而这种现象在实行了大部制改革的县域显得尤为突出。从对C县调研的情况来看，尽管体育局至今仍被保留为单独的行政机构，但是县域体育工作的边缘化现象在该县也体现得十分明显。在国家某部委对口支援期间，出于创建“全国全民健身公共体育服务体系示范县”的政绩需要，C县也一度将体育工作列为中心工作，并专门成立了以县长为组长的“创建全国公共体育服务体系示范县”“政府向体育社会组织购买公共体育服务”领导小组，对群众体育治理体制的改革予以一定的政策和资源扶持，但是这种自上而下推动的“运动式治理”并没有改变体育工作在县域各项工作中的边缘化地位，也难以使县级党政主要领导在体育事业上保持持久的注意力。因此，在相关试点工作和国家某部委对口支援结束以后，如何及时巩固现有的改革成果，继续深化政府和社会力量合作治理的模式，成

[1] 郎玥，黄亚玲. 我国县级体育主管部门弱势地位分析[J]. 北京体育大学学报，2017，40（5）：17-21.

为C县体育局面临的一个非常现实的问题。对此，LH局长深表忧虑：

地方政府一般认为体育不是很重要的事情。国家某部委对口支援以来，我县在引入社会力量参与群众公共体育场馆设施建设、人员培训、赛事活动开展等方面有了很大的进步，这是过去这么多年以来都没有过的。但是，有关工作县里工作人员跟进，剩下的事情只能我们自己去办，这样才能在对口支援结束以后，继续巩固群众体育社会化改革的成果。

（二）同级部门支持有限

中央政府对地方政府“条块结合”的管理体制，导致了县域行政部门林立的现状，体育行政部门开展的各项工作都需要得到其他同级部门的支持和配合，引入体育力量参与县域群众体育治理也面临着同样的问题，尤其是相关改革内容涉及财政、民政、国土、税务等相关部门的时候，这些部门的协同将直接影响合作治理的顺利开展。然而作为同级部门，县域内各职能部门都有自身独立利益追求，而县域体育工作的边缘化，又使得县级体育行政部门在与同级部门的互动中处于相对弱势的地位。同级部门的支持不力影响了县域群众体育治理转型的顺利进行，从对个案的描述可以看到，当体育工作暂时被列为中心工作时，在县级政府的行政命令下，被列入相关改革工作领导小组的同级部门都会对相关工作给予支持和配合，但是当体育工作远离中心工作时，体育行政部门与同级部门的协调就存在一定的困难，对于一些有利可图的管理工作，部分职能部门表现出了较高程度的热情，而对于一些无利可图的管理工作，却往往采取拖延战术，甚至有一些部门还为体育行政部门开展的改革创新设置了人为的障碍。不可忽视的是，县级体育行政部门的改革创新的顺利进行也需要得到乡镇政府的支持和配合，然而财权和事权的不对等却使乡镇政府忽视了对群众体育等公共服务责任的履行，缺乏主动引入社会力量参与群众体育治理的积极性，再加上专职体育工作人员的缺乏，各乡镇政府在与各职能部门进行对接时，往往将体育行政部门的工作列入比较次要的地位，乡镇政府能够给予的支持和配合还非常有限，直接导致了农村体育在发展过程中社会力量的参与不足。

（三）部门成员执行不力

部门成员执行不力也影响了社会力量参与县域群众体育治理的绩效。职能部门改革创新的关键因素是可操作性或实践性，作为县域群众体育治理体制改革相关工作的具体执行者和操作者，县级体育行政部门的工作人员在改革创新中的作用非常重要，他们既可以根据各种可行的方式推动社会力量的参与，也可以通过各种方式扭曲新的制度和政策[1]。在广大的县域，与财政、国土等部门相比，县级体育行政部门并不拥有实质性的决策权和资源分配权，这种权力地位决定了县级体育行政部门的工作人员长期以来习惯于相对边缘化的地位，对本部门开展的改革创新普遍缺乏热情，部分行政人员对上级部门的改革目标持消极的态度，甚至对上级安排的工作不予配合。在C县调研的过程中，通过对体育局的行政人员的观察和访谈笔者得知，除了少数部门领导，大部分普通行政人员都认为体育局就是一个“清闲”的部门，在职务晋升上基本没有希望，因而安于接受相对稳定的工作方式，缺乏执行改革创新的动力（在C县调研结束后的短短三个月，C县体育局就有一名工作人员退休，两名工作人员调离，另有一名工作人员即将退休）。同时，从C县的实际情况来看，体育局往往是县级各职能部门中部门领导流动得最快的部门之一（C县体育局从2014—2017年就更换了四任局长，其中两人任期满一年即退休，一人从乡镇提拔一年即重新更换岗位)，这种情况也在一定程度上造成了部门成员对改革创新难以有较好的预期，对不断更换的部门领导的工作作风难以适应，使部门推动的创新难以得到下级的有效执行，经常出现“上动下不动”[2]的困境。对此，LH局长说：

县里体育工作者往往不是地方的精英，局长往往是由即将退休的职能部门领导担任，其他工作人员在县域的公务员群体中地位相对较低，不受重视，队伍的工作积极性不高，基本都在等着退休，不愿意配合改革，不愿意配合创新，不愿意配合领导开展工作，因此一些新的政策和理念在下面推进很困难。任体育局局长期间我感觉自己没有权威，管不好自己的下

[1] 杨雪冬. 兼论中国地方政府创新研究的十个问题[J]. 公共管理学报，2008，5（1）：16-26.
[2] 同[1].

属，很多工作推动不下去，自己也没有什么积极性。

四、“事权”和“财权”不对等下的县级政府财政支持不足

自从我国实行分税制以来，县级政府作为我国最基层的地方政府，承担的公共事务最繁杂，而得到的财税分成却最低，县级税收的75%要归中央财政，县级财政最多只能分配到25%。分税制虽然强化了中央政府对地方政府的管理，但是由于县级政府承担着各个领域烦琐的社会公共事务，财税向中央政府的流动导致县级政府的“财权”和“事权”呈现出明显不对等的现象。相对于东部经济发达地区，分税制对于财政收入有限的中西部地区影响更为明显，部分县级的税收基本只能用来发放人员工资，在这种情况下，县级政府缺乏履行公共服务责任的基本财政能力[1]。根据C县2015年、2016年国民经济和社会发展统计公报显示的数据，公共预算的总量及增长率都远远地超过了当年的总税收。

财政能力不足既有可能成为县级体育行政部门引入社会力量参与县域群众体育治理的动力，但也会导致县级财政难以支撑公共体育服务领域的改革，从而对合作治理的顺利进行产生抑制作用。尽管当前我国绝大部分县域实现了群众体育工作的“三纳入”，但是财政能力的不足却导致县级政府对体育事业的财政预算长期维持在较低的水平，据C县体育局负责财务工作的H老师反映，县财政每年给体育局的预算拨款不足十万元，仅能维持日常工作开支，而县级体育彩票的销售情况不太理想，能为群众体育工作提供的财政支持非常有限，体育局在县财政预算外的开支，都要经过县级领导的层层审批。县级财政对群众体育事业的预算不足导致政府开展向体育社会组织购买公共体育服务的实践遭遇了一定的资金困境，降低了体育社会组织对政府的信任程度；同时，从C县开展公共体育服务“公私合作”的实践来看，由于财政能力的不足，C县体育局一方面对通过引入企业的资金进行公共体育场馆设施建设有着一定的热情，因此在创建“全国全民健身

[1] 姜志勇. 面临三大难题困扰，基层改革积极性堪忧[J]. 北方经济，2015（4）：9-10.

公共体育服务示范县”相关项目规划时，过于注重总量的提高，而忽视了项目的惠民性和可操作性；另一方面又县级财政能力的不足，导致政府无力对体育公园等大型公私合作项目进行配套的投入，因此企业投资县域公共体育服务的动力不足。总之，和发达地区的县域相比，县级财政能力的不足使得中西部地区县域开展群众体育治理体制改革的重点并不在于通过引入社会力量的参与转移政府的职能，而是希望通过社会力量的“服务之手”尽快达到公共体育场馆设施和赛事活动上的增量，而社会力量的自身利益和人民群众真实的体育需求则退居次要地位。

五、“官本位”文化传统延续下的主体间关系不平等

治理不仅要建立在多元主体同意的基础上，更重要的是政府要以平等的态度与社会力量合作以实现共治。因此，引入社会力量的参与，实现县域群众体育合作治理，不但要求政府树立服务意识和平等意识，也要求社会力量自身具备强烈的参与意识和平等意识。然而我国源远流长的“官本位”文化阻碍了我国行政体制改革的进程[1]。受“官本位”文化的影响，在县域群众体育治理体系中，体育行政部门难以摆脱“权威主导”的地位，影响了合作治理的顺利进行。

第一，“官本位”文化传统的延续使体育行政部门缺乏为社会力量提供服务的意识。从政府的层面来看，作为一种思想意识和价值取向，在官与民的关系上，“官本位”强调以官为本、以官为尊，凸显官权而压抑民权[2]。这种“官本位”文化的延续，使得体育行政部门的工作人员有一种天然的优越感，没有向社会力量提供服务的意识，在他们的意识里，社会力量还是归他们“管”，在与社会力量打交道时缺乏平等协商的精神，而是更多地采用行政命令的手段。而县一级的体育行政部门的工作人员由于直接处理群众体育公共事务，因此这种管制思想表现得更为明显。

第二，“官本位”文化的延续，使县级体育行政部门的工作人员过分

[1] 李景鹏. 官本位：行政改革的障碍之一[J]. 学习与探索，2009（5）：110-112.
[2] 马润凡. 当前我国官本位意识的危害及其治理[J]. 中州学刊，2014（2）：14-18.

夸大自己对群众体育公共事务的掌控能力，他们认为只有政府部门才能全面而准确地把握群众体育公共事务的种种信息，从而对群众的体育需求做出准确的判断，只有政府部门才有能力满足群众的体育需求，从而能包办群众体育公共事务的一切，对社会力量的作用和能力持不信任的态度，忽视社会力量在公共体育服务供给和公共体育决策上的参与。第三，"官本位"文化的延续，影响着人们的社会价值观的形成，使得社会力量自身缺乏与政府部门平等协商沟通的意识。"官本位"文化不仅意味着政府及政府官员对权力和社会资源的绝对支配，还表现为人们"惟官是从"的行为偏好[1]。出于对权力的崇拜和畏惧的双重心理，人们处处以官员的意志为行为准则，既担心提出与政府官员不同的意见和建议会使自身的利益受损，又期望通过来自官员的肯定而获得资源，从而满足自己的利益。由于缺乏与政府在平等的条件下沟通协商的理念，社会力量在参与县域群众体育治理的过程中，常常被动地接受政府部门的各种制度安排，只能扮演辅助政府提供公共体育服务的"边缘化"角色，参与意识和公共体育利益表达能力不强，甚至还表现出对政府部门的主动遵从和依附。对此，C县篮球协会的Z会长认为：

虽然时代在不断地发生变化，但是我觉得C县的政府部门官僚主义作风还是比较严重的，没有服务基层的意识，即使是体育局的普通行政人员，对待我们的态度还是"你们归我管"。同时，领导还是愿意把关键的资源掌握在自己手中。

六、"差序格局"文化传统延续下的主体"公共性"不足

县域群众体育治理以满足县域群众多元化体育需求、维护群众公共体育利益的需要为目标，因此，县域群众体育治理绩效的提高既有赖于一系列贯彻了平等原则的有能力、起作用的制度，同时也需要包括体育行政部门在内的多元主体超越狭隘的自我，表现出服务于群众体育公共利益的"公

[1] 任中平，郜清攀. 从"官本位"到"民本位"：人治社会向法治社会转型的必然选择[J]. 求实，2015（7）：70-75.

共性”。然而，中国传统的“差序格局”文化传统在市场经济条件下的延续，一定程度上阻碍了县域群众体育治理主体“公共性”的生成，既影响了体育行政部门和社会力量合作关系的深入，也限制了社会力量作用的有效发挥。

第一，差序格局所强调的“特殊主义”使政府的“公共性”不足，难以为社会力量参与县域群众体育治理建立起普遍化的规章制度。在我国广大的县域，人们生活在一个彼此了解的熟人社会，差序格局所带来的文化影响力是非常深远的，在这种差序格局中，人们之间的关系更多地依靠血缘和地缘来维护，难以发育出独立、平等的契约合作关系与民主精神[1]。不同的人相对于“自我”而言是有亲疏厚薄之分的，普遍的标准在此并不发生作用，对社会关系的处理原则往往不是根据相对成熟的制度和契约，而是将关系和人情作为处事的原则，对待“圈内人”和“圈外人”采取截然不同的态度和方式。从社会力量参与C县群众体育治理的实践中可以看到，政府的决策常常被各种熟人、朋友等私人关系所限制，常常依据关系和人情的远近来选择性地决定对社会力量的扶持，而社会力量也习惯于通过和相关政府工作人员建立良好的关系来获得政府的信任和资源配置，治理理论所强调的“法治化”“公共性”被“人治化”“私人化”，不但导致社会力量难以在普遍化的规章制度下公平展开竞争，影响了社会力量和政府之间的信任关系，也增加了社会力量参与合作治理的成本，造成了对公共体育利益的损害。对此，C县体育局的WB说：

C县本来就不大，你随便找个饭店吃饭，进门一看，全是熟人，大家互相打招呼。

第二，差序格局对“自我主义”的强调，导致社会力量在参与县域群众体育治理的过程中“公共性”不足。在差序格局这种富有伸缩性的网络中，随时随地是有一个“己”作为中心的[2]，强调在各种社会行动中以“己”为中心，不会顾及其他群体和他人的利益。在我国经济社会飞速发

[1] 唐文玉. 社会组织公共性的生长困境及其超越[J]. 上海行政学院学报，2016，17（1）：105-111.
[2] 杨玉宏. “差序格局”思想的现代诠释[J]. 学术界，2013（2）：145-156.

展的今天，“差序格局”的这种以“己”为中心的逻辑以独特的机制与市场经济的发展结合在一起，不断摧毁我国传统社会对于道德的建构，在这种利己主义思想的影响下，社会力量往往抱着汲取资源的态度与政府展开合作，满足县域群众体育需求的意识体现得不明显。部分县域体育社会组织持“工具主义”的发展策略，以获取政府的资源为发展目标；公民普遍缺乏为了实现共同的体育利益与政府平等协商合作的意识和能力，注重对个人利益的维护，而对群众体育公共事务则持淡漠的态度；企业参与县域公共体育服务的提供过程中的“公益性”与企业的盈利冲动之间的矛盾仍比较明显，对成本和效益的考量，降低了企业为县域群众提供公共体育服务的积极性。

第八章

社会力量参与县域群众体育治理的路径选择

习近平总书记在党的十九大报告中提出“中国特色社会主义进入新时代”。伴随着全民健身上升为国家战略，我国群众体育事业的发展也进入新时代。面对合作治理建构过程中的种种困境，在全面深化体育改革，推进体育治理体系和治理能力现代化的总体要求下，是继续强化政府的管控，还是全面深化体育改革？从县域群众体育发展的现实需要来看，只有实现县域群众体育治理的善治才能走向县域群众体育治理现代化，而走向政府主导下的合作治理是提升县域群众体育治理绩效，实现县域群众体育善治的必然选择。尽管当前县域群众体育合作治理的实现仍然面临着诸多困境，但是我们也应该看到，地方政府也并非是铁板一块，面对日益增长的公共体育服务供给压力，基层体育行政部门有一定的动力主动构建和社会力量的合作关系。同时，在国家宏观制度逐渐明确的前提下，社会力量也并非完全被动地接受政府的权威控制，而是会主动地开展一系列策略性行动以获得自我发展的空间。总之，作为县域社会公共事务的组成部分，县域群众体育治理体制改革的顺利进行不但与国家治理的整体走向有关，还将面临县域复杂的治理环境，只有在转变政府观念、加强顶层设计、完善制度建设、强化目标认同、促进多元协同等方面做出一定的努力，才能真正实现政府、社会组织、公民和企业等多元主体在县域群众体育公共事务治理中的合作与互动，打破过去强调政府“管束”的单边主义思维方式[1]，在群众体育的发展中重构政府与社会、公与私的关系，真正构建县域群众体育治理事业中的“伙伴关系”[2]。

第一节　转变政府观念，推动服务型政府建设

我国长期以来形成的传统行政文化为县级体育行政部门引入社会力量参与群众体育治理带来了诸多困扰。一方面，受我国长期以来实行的纵向问责机制的影响，县级政府和基层体育行政部门都难以摆脱“对上负责”的政绩观，从自身的政绩目标出发引入社会力量的参与，常常导致改革难以持续；另一方面，受“官本位”文化的影响，基层体育行政部门又难以摆脱长期以来形成的管制思想，在引入社会力量参与县域群众体育治理的过程中，仅仅把社会力量视作“服务之手”，难以和社会力量建立起平等合作的关系。党的十八大以来，我国行政体制改革的核心就是简政放权。习近平总书记在党的十九大报告中也强调：“要转变政府职能，深化简政放权，建设人民满意的服务型政府。”在当前我国县域群众体育体制改革的进程中，社会力量能否有效地参与县域群众体育治理，关键在于政府能否正确看待自身及社会力量在县域群众体育治理中的角色和作用，只有政府真正树立起服务型政府的理念，才能理顺和社会力量之间的关系，为社会力量参与县域群众体育治理提供必要的支持。

转变政府观念，推动服务型政府建设，首先要强调“放”。县级体育行政部门要肯定和信任社会力量在县域群众体育治理中的作用，摆脱过去以政府为中心强调管控的行政方式，主动向体育社会组织、公民和企业等社会力量放权，不过多干预群众体育发展微观层面的问题，能够交给社会力量办的事情，政府绝不过多干预。其次是“管”，政府简政放权并不意味着政府在“放手”的同时可以“甩手”，在全民健身上升为国家战略和

---

[1] 朱光磊. 全面深化改革进程中的中国新治理观[J]. 中国社会科学，2017（4）：27-39.
[2] 卡蓝默. 破碎的民主·试论治理的革命[M]. 上海：生活·读书·新知三联书店，2005：165.

"健康中国"的背景下，无论是县级政府还是县级体育行政部门都要强化自身在县域群众体育发展中的责任。县级政府应改变过去对群众体育事业"说起来重要，做起来次要，忙起来不要"[1]的观念，充分认识到体育已经成为县域群众美好生活需要的重要组成部分，在大力发展县域经济的同时，为体育行政部门开展的改革创新提供必要的支持；作为县域群众体育治理的主导者，县级体育行政部门应当强化自身在县域群众体育治理的职能，成为社会力量参与群众体育治理的制度提供者和多元主体之间的协调者，既不为社会力量的参与设置人为的障碍，又能依法对社会力量的行为进行监管，维护县域群众的公共体育利益。最后是"服"，县级体育行政部门应当从"政府本位"向"社会本位"转变，解决"政府权力部门化""部门权力利益化""部门利益习惯化"等问题[2]，尊重县域群众的体育需求，树立为群众提供优质公共体育服务的行政理念。同时，以平等合作的态度对待体育社会组织、公民和企业，为社会力量的参与提供必要的引导和服务。

推动服务型政府建设，需要上级政府开展有针对性的教育培训，逐步消除传统的"官本位"文化带来的消极影响，强化基层体育行政人员的服务意识；推动服务型政府建设，需要强化对基层体育行政人员的制度约束，将服务能力、群众的满意度作为考核基层体育行政人员的主要指标；推动服务型政府建设，还需要创造更多的机会让公民表达自身的体育利益诉求，多方面开展与社会力量的协商合作。总之，政府观念的转变是一个漫长的过程，当"社会本位"的行政理念真正成为基层体育行政人员乃至县域各职能部门行政人员的职业理念，并内化为他们开展行政工作的一种自觉行为时，县域群众体育治理体制改革的道路将会变得更为通畅。

---

[1] 仇军. 群众体育发展的困境与出路[J]. 体育科学，2016，36（7）：3-9.
[2] 任海. 以群众体育促进社会建设[J]. 北京体育大学学报，2014，37（9）：1-9.

第二节 加强顶层设计，形成鼓励改革创新的发展战略

尽管在“十二五”期间，我国就开始倡导“政府主导、部门协同、全社会共同参与”的群众体育工作格局，党的十八届三中全会以来，鼓励社会力量参与群众体育治理更成为我国群众体育体制改革的方向。但是当国家的宏观政策呈现出一定的模糊性并缺乏足够的激励措施时，对于引入社会力量参与群众体育治理，基层政府往往面临着风险规避和动力不足的问题。为了推动广大县域全面深化体育改革的进程，实现县域群众体育合作治理，还需要加强顶层设计，形成鼓励基层政府在群众体育领域开展改革创新的发展战略。

一、鼓励基层体育行政部门开展差别化的探索

党的十八大以后，中央全面深化改革领导小组多次召开会议提出“试点是改革的重要任务和方法，要推动顶层设计和基层探索的良性互动和有机结合”[1]。在我国全面深化群众体育改革的进程中，国家体育总局通过开展“支持体育社会组织开展全民健身公共服务试点工作”“公共体育服务体系示范区”建设等试点工作推动地方政府先行先试，引导社会力量积极参与群众体育治理，为县域群众体育治理体制改革提供了良好的示范作用。基于我国各县域在经济社会发展水平上的差异性，鼓励各地开展差别化的探索仍旧是全面深化群众体育改革顶层设计的重要组成部分。首先，中央应当抱着允许试错、激励创新的态度继续鼓励各县级体育行政部门因地制宜地开展培育和扶持体育社会组织、公共体育场馆设施建设与管理的公私合作、群众体育赛事活动外包、公民参与公共体育决策等改革试点工作；其次，在各地全面深化群众体育改革的过程中，应多听取基层和一线的意

[1] 服务中央决策系列选题研究小组. 中国全面深化改革述评：2013—2017年[J]. 改革，2017（10）：5-34.

见，尽可能多地获取一手资料，对差别化探索的经验进行及时总结，摸索改革创新的规律，尽可能地将各地的实践上升到理论层面，形成群众体育治理体系和治理能力现代化建设的制度创新，用以指导地方政府的改革创新工作。

二、引导基层体育官员争做改革派

在全民健身上升为国家战略和“健康中国”的背景下，全面深化群众体育改革在我国已经形成了共识，然而这种共识最终还要依靠地方政府和基层的体育行政部门去执行和落实。目前我国基层体育官员缺乏改革创新的动力是较为普遍的现象，2015年6月《人民论坛》进行的一项调查显示，在8243份问卷中，有超过70%的受访者认为，想改革、谋改革、善改革的干部比例不到40%。而部门相对弱势的地位、改革的风险及固化的部门利益，使得基层体育官员相对于其他职能部门而言，更加缺乏开展改革创新的动力。引导基层体育官员争做改革派，需要从“法规治理、激励机制、社会规范”等方面进行最基本的制度安排，对基层体育官员 “晓之以理、导之以利、动之以情”[1]。

第一，应以法治化的手段规范基层体育官员的行为，对那些与改革方向相违背的政策予以调整。第二，加强全面深化群众体育改革的宣传工作，通过开展基层体育官员的培训工作传达中央关于全面深化群众体育改革的相关精神，使基层体育官员认识到在全民健身上升为国家战略和“健康中国”的背景下，引入社会力量参与县域群众体育的重要性和必要性。第三，完善对县域群众体育治理体制改革的考核和激励措施。既鼓励创新、表扬先进，又允许试错、宽容失败，营造想改革、谋改革、善改革的氛围[2]，切实将“促进改革”融入基层体育官员的政绩考核体系中。第四，要按照中央政府财税体制改革的总体要求，加大对中西部地区县域的支付力

[1] 田国强，陈旭东. 中国改革：历史、逻辑和未来[M]. 北京：中信出版社，2016.

[2] 服务中央决策系列选题研究小组. 中国全面深化改革述评：2013—2017年[J]. 改革，2017（10）：5-34.

度，为欠发达地区的县域全面深化群众体育改革提供经济基础，同时也要结合全面深化群众体育改革的实际工作效果，给予充足的配套经费，以激发基层体育官员推动群众体育改革的积极性。

第三节　完善制度建设，实现社会力量的有序参与

县域各类社会公共事务包含万象，在全面深化县域治理体制改革的过程中，制度建设的不足，将难以避免地导致改革进程中的“人治化”和“形式化”，甚至产生权力寻租和腐败现象，影响改革的持续性及社会力量对改革的预期。因此，要改变当前我国部分县域争做改革试点单位和典型创建的过程中出现的“人走政息”“选择性合作”“运动型治理”等问题，保障社会力量公平、有序地参与县域群众体育治理，关键在于完善制度建设。党的十八大以来，新一届的中央政府非常重视法治建设，习近平总书记在党的十八大之后的多次讲话中强调要“努力以法治凝聚改革共识”[1]，法治化将引领和推动全面深化改革的进程，为社会力量在制度化的条件下公平、有序地参与县域群众体育治理提供了良好的契机。

一、推动国家体育改革法治化的进程

体育治理是国家治理体系的组成部分，当前我国在社会公共事务领域面临的一些普遍性治理问题在很大程度上影响了体育改革的法治化进程。因此，成功地实现基层群众体育治理体制改革的法治化，首先需要从宏观层面推动国家体育改革法治化的进程，从以下几个方面完善社会力量参与社会公共事务治理的相关法律法规。

第一，加快推动《中华人民共和国体育法》的修订过程。当前《中华人民共和国体育法》从立法的思路理念到具体制定安排，都显现出很多与

---

[1]　习近平在中共中央政治局第四次集体学习时强调依法治国依法执政依法行政共同推进法治国家法治政府法治社会一体建设[N]. 人民日报，2013-02-25（1）.

现实需求的不适，有着明显的偏重管理色彩和行政化倾向。而且，其在立法技术等方面也存在着法律结构不完整、立法粗糙、缺少实施方法和程序而操作性不强等问题[1]。《中华人民共和国体育法》的修订应当以维护公民的基本体育权利为宗旨，明确划分政府与社会力量的边界，将政府的权力关进制度的笼子，打破政府对群众体育资源的垄断，建立社会力量依法参与群众体育治理的法律规范，保障社会力量的合法权益。第二，尽快完成《社会团体登记管理条例》等法律法规的修订，加快形成政社分开、权责明确、依法自治的现代社会组织管理体制，为地方政府培育和发展体育社会组织提供明确的法律规范。第三，完善公私合作领域的法律法规，对合作伙伴的选择流程、私人部门利润获取方式与区间、行业或地区风险识别与分担比例、产品或服务质量标准等进行明确规定[2]，最大限度地减少公共体育服务公私合作过程中的不确定性。第四，完善政府购买公共服务的相关政策法规，为地方政府开展政府购买公共体育服务提供更为细致的政策指导。第五，增强人民代表大会对社会公共事务的决策与监督功能，为社会组织的决策参与提供法律保障，完善政务公开制度，畅通公民参与群众体育公共事务的渠道。

二、完善县级层面的相关配套制度

基于我国各地在经济社会发展方面的差异性，为了保障社会力量公平、有序地参与县域群众体育治理，在中央政府的宏观政策的基础上，县级政府和体育行政部门还应当因地制宜地制定一些符合实际情况的配套制度。

（一）完善体育社会组织参与县域群众体育治理的相关配套制度

第一，从制度层面加强对体育社会组织的引导和监管。根据2016年8月中共中央办公厅、国务院办公厅《关于改革社会组织管理制度促进社会

[1] 姜熙. 中国体育法治建设的宏观理路：于善旭教授学术访谈录[J]. 体育与科学，2017，38（1）：18-26.

[2] 张碧波. 我国公共产品供给中的公私合作问题研究[D]. 北京：中共中央党校，2015.

组织健康有序发展的意见》，以及同年由民政部颁布的《社会团体登记管理条例（征求意见稿）》相关政策文件的精神，将体育行政部门由体育社会组织的“业务主管单位”转变为“业务指导单位”并不意味着取消了体育行政部门的监管责任，县级体育行政部门应当加强对体育社会组织的业务指导、行为规范，督促体育社会组织形成完善的内部治理制度。联合县级民政部门制定科学合理的体育社会组织考评制度，严格按照考评结果对具备一定的自治能力、社会服务能力的体育社会组织给予场地和资金等方面的扶持。第二，从制度层面完善对体育社会组织的培育和扶持。考虑县域群众体育兼顾城乡的特殊性，县级体育行政部门还应当鼓励各乡镇成立体育联合会，并将各乡镇是否成立体育联合会作为考核乡镇工作的重要依据；同时，适度加大对农村草根体育社会组织的扶持，完善乡镇政府对体育社会组织的备案制度，对具备一定社会影响力的农村草根体育社会组织给予适当的物质和精神扶持。第三，从制度层面确保政府购买公共体育服务的规范化发展。县级体育行政部门要按照《国务院关于向社会组织购买服务指导意见》等上级政府的政策精神，配合县级政府和财政部门研究制定政府向体育社会组织购买公共体育服务的配套制度，减少透明程度和公开程度低的非竞争性购买，推广规范、公开、透明的竞争性购买。

（二）完善公民参与的相关配套制度

第一，完善县域群众体育公共事务的信息公开制度。县域群众政府信息公开的内容应包括体育财政的预决算、群众公共体育场馆设施建设及运营效益等实质性的内容。除了通过县级人民政府的网站进行群众体育政务信息公开以外，县级体育行政部门还可以采取建立微信公众号平台等方式，增加公民了解县域群众体育政府信息的渠道。第二，畅通公民体育诉求的反映渠道。体育行政部门应认真对待人民代表大会和政治协商会议关于群众体育诉求的提案，坚持开展人大常委会对县域群众体育的专题调研工作；通过召开座谈会、开放日等方式定期向体育社会组织和村（居）民委员会、公民代表征求意见。第三，实现群众体育重大项目的开放式决策。采取召开听证会、网络投票、面对面协商对话等形式，让公民实实在在地参与到公共体育场馆设施建设、大型群众体育赛事举办的决策中来，建设群众最需要的“身边的场地”，举办群众喜闻乐见的“身边的赛事活动”。第四，建立对群众体育治理中“积极公民”的激励制度，根据他们为县域群众体育事业所做的贡献提供一定的物质和精神奖励。

（三）完善企业参与的相关配套制度

第一，完善县域公共体育服务公私合作项目相关配套制度。县级政府和体育行政部门应保证公私合作项目的公开性和公平性，对公私合作项目实行严格的公开招标制度，通过公平的竞争选择符合条件的企业，为县域群众提供优质的公共体育服务；借鉴发达国家公私合作模式的成功经验，运用银行贷款、税收减免及水、电费减免等优惠政策吸引企业参与公共体育服务的公私合作项目，运用财政补贴的政策弥补企业在场馆运营中的亏损，保证企业获得适当的利润，减少企业的风险；在做好服务的同时，加强对企业管理和运营过程中的监管，维护良好的市场秩序，保障企业的利益不受地方利益集团的侵扰[1]；对企业的不正当经营行为给予适当的规制，同时，避免企业定价过高而失去公私合作项目的公益性。第二，完善企业以公益形式参与县域公共体育服务的配套制度。鼓励企业通过县慈善总会向体育事业进行捐赠，完善企业体育捐赠的免税制度；鼓励企业通过举办公益性的赛事活动、开放场馆设施等形式助力县域群众体育的发展，为企业的体育公益行为提供配套的资金和器材设施支持。

第四节　强化目标认同，提高社会力量的合作能力

县域群众体育善治的实现一方面需要政府从制度上否弃一己私利[2]，另一方面也需要社会力量开展自我反思，参与到超越“利己”的群众体育治

[1] 张碧波. 我国公共产品供给中的公私合作问题研究[D]. 北京：中共中央党校，2015.

[2] 李友梅，肖瑛，黄晓春. 当代中国社会建设的公共性困境及其超越[J]. 中国社会科学，2012（4）：125-139.

理活动中，以满足县域群众的多元化体育需求，即县域群众公共体育利益的最大化为目标。受传统的群众体育管理体制的影响，社会力量主动提供公共体育服务、表达公共体育利益的能力长期处于被压抑的状态，再加上传统“差序格局”文化的影响，造成了社会力量参与县域群众体育治理过程中呈现出明显的功利主义倾向。因此，县域群众体育合作治理的实现，还需要通过强化社会力量对公共体育利益的目标认同，提高社会力量的合作能力。

一、培育体育社会组织在县域群众体育治理中的“公共性”

作为弥补县域公共体育服务供给“政府失灵”和“市场失灵”的重要主体，体育社会组织扮演着开拓县域群众体育治理公共性的重要角色。相对于公民个人“原子化”形态的公共性而言，体育社会组织的公共性是一种具备组织形态的公共性；相对于企业建立在营利基础上的公共性而言，体育社会组织则始终以“非营利性”作为组织的价值追求；相对于政府建立在权力基础上的公共性而言，体育社会组织的公共性建立在自愿结社的非强制性力量上，因此，促进体育社会组织的公共性生产，对于县域群众体育合作治理目标的实现有着非常重要的价值。培育体育社会组织的“公共性”可以从以下几个方面入手。第一，针对部分体育社会组织产生的营利动机，相关政府部门需要加强对体育社会组织的监管，在不否定体育社会组织成员正常工作报酬的前提下，运用自身所掌握的规制性权力，钳制体育社会组织及其成员的营利动机和行为。第二，县级体育行政部门在给予体育社会组织资源支持的同时，也应当避免对体育社会组织内部治理的过度干预，保障体育社会组织的独立性和自主性。第三，在基层群众体育治理中，体育社会组织不但可以为县域群众提供多元化的公共体育服务，还应当作为群众公共体育利益的代言人，影响政府公共体育政策的制定，体育行政部门不能仅仅将体育社会组织作为“服务之手”，除了通过政府购买公共体育服务等方式支持体育社会组织提供公共体育服务的同时，还应当为体育社会组织的诉求表达、政策建议提供制度化的通道。

二、培育公民在县域群众体育治理中的公共精神

在政府全能型的管理模式下，普通公民只能被动地接受来自政府的安排，很少有机会参与县域群众体育公共事务的管理，因此，在个人利益不受损的情况下，他们缺乏对县域群众体育公共事务的认同，也不善于表达自身的体育利益诉求。培育公民在县域群众体育治理中的公共精神，虽然是一个长期的过程，但是随着县域公民体育参与意识和权利意识的不断增强，当公民意识到自身的积极参与不但能影响政府的决策，还与自身的体育利益切实相关时，公民参与县域群众体育治理的意愿就会更加强烈。在这个过程中，县级体育行政部门应当体现出对公民参与能力的信任，主动通过培养公民参与群众体育治理的实践能力来培育公民的公共精神。

第一，在新媒体迅速发展的今天，县级体育行政部门可以通过各类媒体广泛发布关于县域体育公共事务的相关信息和议题，公民可以通过这些平台发表对群众公共体育场馆设施建设、群众体育赛事活动开展等方面的意见和建议，在与政府沟通与交流的过程中，形成对公共体育利益的理性判断。第二，涉及县域群众体育发展规划、重大公共体育场馆设施建设及赛事活动的开展等问题，体育行政部门应当通过召开听证会等形式，广泛听取公民的意见和建议，从而提升公民对自身在群众体育治理中主体性的认同；在此，体育行政部门应当鼓励公民以捐赠资金、投入人力资源等方式与政府合作提供公共体育服务，鼓励公民协助政府修建和管理群众公共体育场馆设施、开展群众体育赛事活动及体育锻炼指导。

三、培育企业在县域群众体育治理中的社会责任

随着我国社会责任系列国家标准的出台，有越来越多的企业自觉地在长期盈利与社会的公共目标之间建立起某种制度化的关联[1]，而在全民健身上升为国家战略的背景下，企业通过履行在群众体育治理中的社会责任来促

[1] 李友梅，肖瑛，黄晓春. 当代中国社会建设的公共性困境及其超越[J]. 中国社会科学，2012（4）：125-139.

进自身公共性的生产，将企业的“自利”与公共体育利益的“利他”结合起来，不但能丰富企业社会责任的履行方式，同时也能从新的角度促进人们对群众体育治理“公共性”的思考。

调动企业参与县域群众体育治理的积极性，培育企业在县域群众体育治理中的社会责任。第一，应当强调在维护公共体育利益的同时对企业自身权益给予保障，无论是发动企业参与体育捐赠还是公私合作项目，县级政府和体育行政部门都要在合理的范围内行使自身的公共权力，排除任何强制性政策带来的负面影响。第二，县级政府应对企业参与县域公共体育服务的供给形成稳定的政策支持，通过财政补贴、税收减免、政策支持等形式激发企业为县域群众体育治理做贡献的积极性。第三，为了保证公司合作项目的公益性，县级体育行政部门还应对企业参与的公共体育服务公私合作项目进行有效的监管，相关定价应体现出公平负担的精神[1]，最大化地维护县域群众体育的公共体育利益。

第五节 加强多元协同，实现主体间的网络化合作

一、加强县域各职能部门的协同合作

自2014年国务院颁布的《关于发展体育产业促进体育消费的若干意见》将全民健身上升为国家战略，以及2016年中共中央、国务院颁布的《“健康中国2030”规划纲要》将体育纳入“大健康”的范畴以来，“政府主导、部门协同、全社会共同参与”的大群体工作格局基本形成了共识[2]。引入社会力量参与县域群众体育治理也需要得到相关职能部门的支持与配合，但是从实际的情况来看，长期以来县级各职能部门形成的“部门利益化”及体育行政部门的边缘化地位，导致体育行政部门开展的改革创

[1] 张守文. PPP的公共性及其经济法解析[J]. 法学，2015（11）：9-16.
[2] 刘国永. 全面深化群众体育改革的思考[J]. 体育科学，2015，35（8）：3-7，51.

新工作难以得到同级部门的支持与配合。推动各县域层面的群众体育治理体制改革协同机制，首先要充分发挥县级政府在县域群众体育治理体制改革中的领导作用，明确群众体育在县域各项社会公共事务中的重要地位，实现“创建公共体育服务体系领导小组”“政府购买公共体育服务领导小组”等跨部门机构的常态化运行，将体育、财政、民政、国土、税务等相关职能部门的工作具体化、细化，县级政府要充分发挥对各职能部门的监督、激励作用；其次，为了提高县域群众体育治理体制改革相关决策的科学化和民主化程度，激发各职能部门参与横向合作的积极性，应充分保障各职能部门参与决策的权利，实现各职能部门之间的资源整合，发动各职能部门的力量共同解决引入社会力量参与县域群众体育治理的过程中出现的矛盾和问题。

二、加强社会力量之间的协同合作

在参与县域群众体育治理的过程中，体育社会组织、公民和企业等社会力量各自有着不同的职能定位和行动逻辑，在参与县域群众体育治理的过程中，社会力量可以通过发挥各自的优势来相互协作，提升在群众体育治理中的能力。

体育社会组织和企业之间可以建立社企互融的关系。哈佛商学院的奥斯汀教授曾预言，“21世纪必将是联盟的时代，在这个年代里，企业与非营利组织合作关系发生的频率和重要性将会增长，并且这种合作关系必将从传统的慈善捐助发展为更深层次的跨部门战略联盟”[1]。在我国，越来越多的体育社会组织和企业为了实现各自的战略目标而形成互相协作的关系。在这种协作关系中，企业可以通过为体育社会组织提供物质资助帮助体育社会组织摆脱对政府的资源依赖；企业可以支持体育社会组织举办群众性的体育赛事活动，使体育社会组织获得展现自我能力的机会和平台；企业管理者担任体育社会组织的负责人，还可以将企业的内部治理和管理经验

[1] 雷茜. 城市社区建设中政府，市场与社会的互构：基于武汉市常青花园社区的考察[D]. 武汉：华中师范大学，2012.

融入体育社会组织的内部治理中，促进体育社会组织开展能力建设。体育社会组织与企业协作，可以为企业树立良好的社会形象，促进县域群众对企业的认同，使企业在县域获得更为广阔的发展空间；体育社会组织与企业协作，可以通过各类群众性体育赛事活动的举办，帮助企业建立健康向上的企业文化，提升企业员工的内部凝聚力。

体育社会组织和公民之间可以建立相互协作的关系。随着我国社会的不断发展，公民的自愿结社意识的增强成为促进体育社会组织数量不断增长的关键因素，近年来，随着我国发展体育社会组织的政策环境日益宽松，县域公民自发成立的基层体育社会组织发展呈现出“井喷”的势头。基于二者之间的天然联系，体育社会组织和县域公民之间展开协作是提升双方在县域群众体育治理中的地位和作用的重要因素。在这种协作关系中，体育社会组织应当为县域公民提供多样化的体育服务，作为群众身边的组织，提升公民参与体育的积极性；在我国县域公民参与群众体育治理的渠道不畅通的情况下，体育社会组织应当有效地表达公民的体育利益诉求，有效地影响政府部门公共体育决策。公民可以为体育社会组织的发展提供物质方面的捐赠，帮助体育社会组织摆脱对政府的资源依赖；县域群众体育治理中的“积极公民”成为体育社会组织的核心成员、体育社会组织行动的决策者，可以利用其所拥有的优势社会资源及较强的组织能力和领导能力、行动能力，极大地提高体育社会组织的生存和发展能力[1]。

[1] 胡科. 社会精英、民间组织、政府之于群众体育运行研究：三个个案的考察[D]. 上海：上海体育学院，2012.

后 记

本书是我在博士学位论文的基础上修改、补充和整理完成的。博士毕业虽已一年有余，但三年求学期间的情景仍历历在目，我仍然难以忘怀博士学位论文选题时的痛苦和焦虑，遇到写作瓶颈时的夜不能寐。如今，手捧这本沉甸甸的书稿，我的内心充满了快乐与感动。

本书的撰写完成，首先要感谢我尊敬的导师黄亚玲教授。三年的博士学习生涯，黄老师在学术上给了我诸多教诲，不但教会我如何思考，还一直鼓励我深入县域去切身感受基层群众体育治理的真实状态，并大胆发表自己的学术观点，使我在经历了选题期间的彷徨与迷惘后，最终有勇气选择自己感兴趣的选题。黄老师治学态度严谨、学识渊博、气质优雅，她几十年如一日，始终保持积极的工作和生活态度，是我工作、学习和生活上的榜样和标杆！

感谢在C县调研时为我提供帮助的各位领导、老师和朋友，他们为我的调研工作提供了大量宝贵的原始资料，还真诚地接纳我，视我为朋友，在C县调研的经历是我一生都难以忘怀的美好回忆！同时，本书在撰写过程中得到了湖南科技大学体育学院的领导、同事们的大力支持和帮助，在此对他们表示诚挚的敬意和衷心的感谢！

县域群众体育治理是我国群众体育研究中现实性较强而研究基础又较为薄弱的领域。在全民健身上升为国家战略和健康中国建设的背景下，更好地满足占我国人口总数70%以上的县域群众多元化的体育需求，需要对如何更好地引入社会力量参与县域群众体育治理这一课题进行更加深入而细致的研究。但是，受研究能力和研究条件的限制，本书的论证仍然存在疏漏之处。我国县级行政区划单位总数多，社会经济发展不平衡，对县级体育行政部门的资源和权力配置也存在着一定的差异，在这个问题上，单案例研究仍然体现出一定的局限性，有待后续研究进一步补充完善。同时，本书所提出的县级体育行政部门和社会力量合作治理的模式，是县域群众体育治理的一种理想状态，其在实践层面的应用还有待进一步的深入探索。笔者希望本书的理论构建能够为有关研究提供参考，扩大实证研究的范围和深度，进一步完善对县域群众体育治理体制改革的相关研究。

谨以此书献给我的家人及所有关心我的老师和朋友！特别感谢我的先生蒋宏宇博士和爱子牧言，你们的支持让我有勇气不断战胜工作和学习上的各种困难，感恩人生路上有你们的陪伴！